MEINE SCHÖNSTEN Weihnachtsmärchen

Mit zauberhaften Bildern von Kai Würbs

CARLSEN

Für Jana

Inhalt

1. Dezember
Simone Nettingsmeier
Die Geschichte des Adventskranzes
9

2. Dezember
Franz von Pocci
Weihnachtsmärchen
15

3. Dezember
Hermann Löns
Der allererste Weihnachtsbaum
19

4. Dezember
Jacob und Wilhelm Grimm
Schneeweißchen und Rosenrot
29

5. Dezember
Uwe Prieser
Die Geschichte von der Entstehung des Adventskalenders
46

6. Dezember
Die Legende vom Heiligen Nikolaus
Nacherzählt von Imke Sörensen
51

7. Dezember
Hans Christian Andersen
Der Schneemann
59

8. Dezember
Jacob und Wilhelm Grimm
Frau Holle
68

9. Dezember
Sophie Reinheimer
Eisblumen
76

10. Dezember
Jacob und Wilhelm Grimm
Sterntaler
86

11. Dezember
Uwe Prieser
Stille Nacht
90

12. Dezember
Jacob und Wilhelm Grimm
Die Wichtelmänner
95

13. Dezember
Paula Dehmel
Weihnachten in der Speisekammer
99

14. Dezember
Hans Christian Andersen
Das Mädchen mit den Schwefelhölzern
105

15. Dezember
Charles Dickens
Die Apfelsine des Waisenknaben
112

16. Dezember
Hans Christian Andersen
Der Tannenbaum
115

17. Dezember
Sophie Reinheimer
Der Schnee
126

18. Dezember
Luise Büchner
Die Geschichte vom Christkindvogel
139

19. Dezember
Hans Christian Andersen
Der standhafte Zinnsoldat
150

20. Dezember
Luise Büchner
Die Geschichte vom Weihnachtsmarkt
158

21. Dezember
Manfred Kyber
Der kleine Tannenbaum
172

22. Dezember
Imke Sörensen
Lüttenwiehnacht auf dem Asmussen-Hof
179

23. Dezember
Imke Sörensen
Loschas Weihnachtsgeschichte
191

24. Dezember
Johannes Schröer
Die Heiligen Drei Könige
201

1. Dezember

Simone Nettingsmeier
Die Geschichte des Adventskranzes

Lange ist es her, dass diese Geschichte passiert ist – über 150 Jahre.

Aber sie ist wirklich wahr! Damals gab es noch keine Autos, auch keine richtigen Straßen. Es herrschte große Armut unter den Menschen. Oft hatten sie nicht einmal genug Geld für Kleidung und Essen. Viele Kinder mussten allein auf der Straße leben.

Der Pastor Johann Hinrich Wichern sah die Not der Kinder und half ihnen. Er gab ihnen ein wirkliches Zuhause, das Rauhe Haus in Hamburg. Die Kinder mochten den Pastor sehr. Denn Johann Hinrich Wichern ließ sich immer etwas Neues einfallen. Und ganz besonders einmal, an einem kalten grauen Novembertag.

Am 30. November 1839 stürmen wieder einmal ein paar Kinder in sein Arbeitszimmer.

»Herr Wichern, was können wir machen?«, fragt Frieda. »Uns ist so langweilig!«

»Warum bastelt ihr nicht ein paar schöne Geschenke?«, schlägt der Pastor vor. »Dann bekommt jeder zu Weihnachten ein kleines Päckchen!«

»O ja!«, rufen die Kinder und flitzen in die Küche. Dort steht ein großer Tisch, an dem es sich wunderbar basteln lässt.

Paul versucht, aus einem Stück Holz einen Kreisel zu schnitzen.

Und Frieda bastelt aus Kastanien und Eicheln lauter kleine Pferde.

Als alle fertig sind, holt Johann Wichern die Kinder wieder zu sich. »Ihr wisst doch, warum wir Weihnachten feiern?«, fragt er.

»Ja, natürlich wissen wir das. Weil da Jesus geboren ist«, antwortet Frieda.

»Genau«, meint Herr Wichern. »Und weil wir uns schon sehr darauf freuen, wollen wir ab morgen jeden Tag Lieder singen und Geschichten hören. So machen wir uns bis zum Heiligabend eine schöne Zeit!«

Die Kinder freuen sich riesig.

Nur Paul ist nicht zufrieden. »Ich weiß überhaupt nicht, wie lange es noch dauert, bis endlich Weihnachten ist«, nörgelt er.

»Morgen ist der 1. Dezember und am 24. feiern wir Weihnachten«, erklärt Johann Wichern.

Aber gerade als Paul noch einmal nachfragen will, wird Herr Wichern nach draußen gerufen.

Ein Bauer hat frische Milch gebracht und verabschiedet sich nun. Johann Wichern bedankt sich bei dem Bauern.

»Gern geschehen«, antwortet dieser. Und in dem Moment, als sich die Räder

der Kutsche in Bewegung setzen, hat der Pastor eine geniale Idee.

Schnell läuft er in die Scheune und holt ein altes Wagenrad hervor. Dann sucht er jede Menge Kerzen zusammen. Vier große weiße und neunzehn kleine rote braucht er. Alle dreiundzwanzig Kerzen steckt er auf das Rad. »So können die Kinder genau sehen, wie viele Tage es noch bis Weihnachten sind«, freut er sich.

Als die Kinder am nächsten Morgen aufstehen, trauen sie ihren Augen kaum.

»Da hängt ja ein Rad mit lauter Kerzen darauf«, ruft Frieda erstaunt.

»Ja«, sagt Johann Wichern, »das ist unser Adventskranz. An ihm zünden wir ab heute jeden Tag eine Kerze an. So erleuchten wir uns die dunkle Zeit bis Weihnachten.«

Und dann erklärt Johann Wichern den Kindern, dass die dicken weißen Kerzen für die vier Adventssonntage stehen und die kleinen roten für die Wochentage.

»Frieda, du darfst die erste Kerze anzünden«, sagt er. »Und dazu singen wir unser Adventslied.«

Die Kinder singen aus voller Kehle. Und als das Lied zu Ende ist, verkündet der kleine Paul: »Jetzt weiß ich's! Wenn alle Kerzen brennen, dann ist Weihnachten!«

So hat Johann Hinrich Wichern damals den Adventskranz erfunden. Und weil die Idee so schön war und vielen Leuten gefiel, leuchteten schon bahld immer mehr Adventskränze in den Häusern. Heute sehen sie allerdings ein bisschen anders aus als der erste Adventskranz im Rauhen Haus.

2. Dezember

Franz von Pocci

Weihnachtsmärchen

In einem Häuschen am Eingang eines Waldes lebte ein armer Tagelöhner, der sich mit Holzfällen mühsam sein Brot verdiente. Er hatte eine Frau und zwei Kinder, einen Jungen und ein Mädchen. Der Junge hieß Valentin und das Mädchen Marie. Die beiden waren das Glück und die Freude ihrer Eltern und halfen ihnen viel bei der Arbeit. Als die guten Leute eines Winterabends, an dem es draußen schneite und wehte, zusammensaßen, pochte es leise an ihr Fenster und ein feines Stimmchen rief: »Bitte lasst mich in euer Haus! Ich bin ein armes Kind und habe nichts zu essen und kein Obdach. Ich komme vor Hunger und Frost beinahe um. O bitte, lasst mich ein!«

Da sprangen Valentin und Mariechen vom Tisch auf, öffneten die Türe und sagten: »Komm herein, du armes Kind, wir haben selbst nicht viel, aber doch noch mehr als du, und was wir haben, das wollen wir gern mit dir teilen.« Das fremde

Kind trat ein und wärmte sich am Ofen die erstarrten Glieder und die Kinder gaben ihm zu essen, was sie hatten, und sagten: »Du wirst wohl müde sein. Komm, leg dich in unser Bett, wir wollen auf der Bank schlafen.«

Da sagte das fremde Kind: »Dank es euch mein Vater im Himmel.«

Sie führten den kleinen Gast in ihr Zimmer, brachten ihn zu Bett, deckten ihn zu und dachten sich: »O wie gut haben wir es doch! Wir haben unsere warme Stube und unser Bett. Das arme Kind aber hat gar nichts als den Himmel zum Dach und die Erde zum Lager.«

Als die Eltern zur Ruhe gingen, legten sich Valentin und Marie auf die Bank beim Ofen. »Das fremde Kind wird sich freuen, dass es nun warm liegt. Gute Nacht!«, sagten sie zueinander.

Die Kinder hatten kaum einige Stunden geschlafen, da erwachte die kleine Marie. Sie weckte leise ihren Bruder und wisperte: »Valentin, wach auf, wach auf! Hör doch mal die schöne Musik vor unserem Fenster!«

Da rieb sich Valentin die Augen und lauschte. Es war ein wunderbares Klingen und Singen, das vor dem Hause erklang. Und ganz deutlich hörten sie die Worte:

O heil'ges Kind, wir grüßen dich
mit Harfenklang
und Lobgesang.
Du liegst in Ruh, du heilig Kind,
wir halten Wacht
in dunkler Nacht.
O Heil dem Haus, in das du kehrst!
Es wird beglückt
und hoch entzückt!

Als die Kinder das hörten, traten sie ans Fenster, um zu schauen, was draußen geschah. Da sahen sie im Osten das Morgenrot glühen und vor ihrem Häuschen viele Kinder stehen, die goldene Harfen in den Händen hielten und in silberne Kleider gehüllt waren. Erstaunt und verwundert starrten sie zum Fenster hinaus. Da berührte sie ein leiser, sanfter Schlag, und als sie sich umwandten, sahen sie das fremde Kind vor sich stehen. Es trug ein Kleid aus funkelndem Gold und auf dem Kopf eine Krone und sprach zu ihnen: »Ich bin das Christkind, das in der Welt umherwandelt, um lieben Kindern Glück und Freude zu bringen. Ihr habt mich beherbergt in dieser Nacht, da ihr mich für ein armes Kind hieltet, und sollt nun meinen Segen bekommen.«

Das Christkind ging mit den Kindern hinaus, brach einen Zweig von einem Tannenbaum, der am Hause stand, pflanzte ihn in den Boden und sagte: »Das Zweiglein soll zum Baume werden und euch alljährlich Früchte bringen.« Darauf verschwand es mit den Engeln. Der Tannenzweig aber schoss empor und wurde zum Weihnachtsbaum. Der war behangen mit goldenen Äpfeln und Silbernüssen und blühte alle Jahre einmal.

3. Dezember

Hermann Löns

Der allererste Weihnachtsbaum

Der Weihnachtsmann ging durch den Wald. Er war ärgerlich. Sein weißer Spitz, der sonst immer lustig bellend vor ihm lief, merkte das und schlich mit eingezogener Rute hinter seinem Herrn her. Der Weihnachtsmann hatte nämlich nicht mehr die rechte Freude an seiner Tätigkeit. Es war alle Jahre dasselbe. Es war kein Schwung in der Sache. Spielzeug und Leckereien, das war auf die Dauer nichts. Die Kinder freuten sich wohl darüber, aber quieken sollten sie und jubeln und singen, so wollte er es. Das taten sie aber nur selten. Den ganzen Dezembermonat hatte der Weihnachtsmann schon darüber nachgegrübelt, was er Neues erfinden könne, um wieder einmal echte Weihnachtsfreude in die Kinderwelt zu bringen, eine Weihnachtsfreude, an der auch die Großen teilnehmen würden. Kostbarkeiten durften es auch nicht sein, denn er durfte nur so und so viel ausgeben und mehr nicht.

So stapfte er denn durch den verschneiten Wald, bis er auf dem Kreuzweg war, dort wollte er das Christkind treffen. Denn mit dem Christkind beriet er sich immer über die Verteilung der Gaben.

Schon von Weitem sah er, dass das Christkind da war, denn sein heller Schein leuchtete ihm entgegen. Das Christkind hatte ein langes, weißes Kleidchen an und lachte über das ganze Gesicht. Um es herum lagen große Bündel Klee, Heu und Bohnenstiegen und Espen – und Weidenzweige. Die ließen sich die hungrigen Hirsche und Rehe und Hasen schmecken. Sogar für die Wildschweine gab es etwas: Kastanien, Eicheln und Rüben.

»Na, Alterchen, wie geht's?«, fragte das Christkind. »Du hast wohl schlechte Laune?«

Damit hakte es den Alten unter und ging mit ihm. Hinter ihnen trabte der kleine Spitz, aber er sah gar nicht mehr betrübt aus, sondern hielt seinen Schwanz nun kühn in die Luft.

»Ja«, gab der Weihnachtsmann zu, »die ganze Sache macht mir keinen rechten Spaß mehr. Liegt es am Alter oder an sonst was? Ich weiß es nicht. Das mit den Pfefferkuchen, den Äpfeln und Nüssen, das ist nichts mehr. Das essen sie auf und dann ist das Fest vorbei. Man müsste etwas Neues erfinden, etwas, was nicht zum Essen und Spielen ist, aber wobei Alt und Jung singen und lachen und fröhlich sind.«

Das Christkindchen nickte und machte ein nachdenkliches Gesicht. »Da hast du recht, Alter. Mir ist das auch schon aufgefallen und ich habe auch schon darüber nachgedacht, aber das ist nicht so leicht.«

»Das ist es ja gerade«, knurrte der Weihnachtsmann, »ich bin zu alt dazu. Ich habe schon richtiges Kopfweh vom Nachdenken und es fällt mir doch nichts Vernünftiges ein. Wenn das so weitergeht, schläft die ganze Sache allmählich ein und es wird ein Fest wie alle anderen, von dem die Menschen dann weiter nichts haben als faulenzen, essen und trinken.«

Nachdenklich gingen beide durch den weißen Winterwald, der Weihnachtsmann mit brummigem, das Christkindchen mit nachdenklichem Gesichte. Es war so still im Wald. Kein Zweig rührte sich, nur wenn die Eule sich auf einen Ast setzte, fiel eine Schneehaube mit halblautem Ton von den Zweigen herab. So kamen die beiden, den Spitz hinter sich, aus dem hohen Holz auf einen alten Kahlschlag, auf dem große und kleine Tannen standen. Das sah wunderschön aus. Der Mond schien hell und klar, alle Sterne leuchteten, der Schnee sah aus wie Silber und die Tannen standen darin, dass es eine Pracht war. Eine fünf Fuß hohe Tanne, die allein im Vordergrund stand, sah besonders reizend aus. Sie war gleichmäßig gewachsen, hatte auf jedem Zweig einen Schneestreifen, an den Zweigspitzen kleine Eiszapfen und glitzerte und flimmerte nur so im Mondenschein.

Das Christkindchen ließ den Arm des Weihnachtsmanns los, stieß den Alten an, zeigte auf die Tanne und fragte: »Ist das nicht wunderhübsch?«

»Ja«, stimmte der Alte zu, »aber was hilft mir das?«

»Gib ein paar Äpfel her«, sagte das Christkindchen, »ich habe einen Gedanken.«

Der Weihnachtsmann machte ein dummes Gesicht, denn er konnte sich nicht recht vorstellen, dass das Christkind bei der Kälte Appetit auf die eiskalten Äpfel hatte.

Doch er löste sein Tragband, stellte seine riesige Kiepe in den Schnee, kramte darin herum und suchte ein paar recht schöne Äpfel heraus. Dann fasste er in die Tasche, holte sein Messer heraus, wetzte es an einem Baumstamm und reichte es dem Christkindchen. »Sieh, wie schlau du bist«, sagte das Christkindchen. »Nun schneide mal etwas Bindfaden in zweifingerlange Stücke und mach mir kleine spitze Pflöckchen.«

Dem Alten kam das alles etwas komisch vor, aber er sagte nichts und tat, was das Christkind gesagt hatte. Als er die Bindfadenenden und die Pflöckchen fertig hatte, nahm das Christkind einen Apfel, steckte ein Pflöckchen hinein, band den Faden daran und hängte den Apfel an einen Ast.

»So«, sagte es dann, »nun brauchen auch an die anderen Zweige welche. Dabei kannst du helfen, aber vorsichtig, dass kein Schnee herunterfällt!«

Der Alte half, obgleich er nicht wusste, warum. Aber es machte ihm Spaß, und als die ganze kleine Tanne voll von rotbäckigen Äpfeln hing, trat er fünf Schritte zurück, lachte und sagte: »Kiek mal, wie schön das aussieht! Aber was hat das alles für einen Zweck?«

»Muss denn alles gleich einen Zweck zu haben?«, lachte das Christkind. »Pass auf, das wird noch schöner. Nun gib mal Nüsse her!«

Der Alte krabbelte aus seiner Kiepe Walnüsse heraus und gab sie dem Christkind. Das steckte in jede ein Hölzchen, machte einen Faden daran, rieb immer eine Nuss an der goldenen Oberseite seiner Flügel. Danach war die Nuss golden. Die nächste rieb es an der silbernen Unterseite seiner Flügel, so bekam es eine silberne Nuss. Beide hängte es die zwischen die Äpfel.

»Was sagst du nun, Alterchen?«, fragte es. »Ist das nicht allerliebst?«

»Ja«, erwiderte der, »aber ich weiß immer noch nicht ...«

»Kommt schon!«, lachte das Christkind. »Hast du Lichter?«

»Lichter nicht«, meinte der Weihnachtsmann, »aber einen Wachsstock!«

»Das ist fein«, sagte das Christkind, nahm den Wachsstock, zerschnitt ihn und drehte erst ein Stück um den Mitteltrieb des Bäumchens und die anderen Stücke um die Zweigenden, bog sie hübsch gerade und fragte: »Feuerzeug hast du doch?«

»Gewiss«, sagte der Alte, holte Stein, Stahl und Schwammdose heraus, schlug Feuer aus dem Stein, ließ den Zunder in der Schwammdose zum Glimmen kommen und steckte daran ein paar Schwefelspäne an. Die gab er dem Christkind. Das nahm einen hell brennenden Schwefelspan und steckte damit erst das oberste Licht an, dann das nächste rechts davon, dann das

gegenüberliegende. So brachte es ein Licht nach dem andern zum Brennen.

Da stand nun das Bäumchen im Schnee. Aus seinem halb verschneiten dunklen Gezweig sahen die roten Äpfel, die Gold- und Silbernüsse blitzten und funkelten und die gelben Wachskerzen brannten feierlich. Das Christkind lachte über das ganze rosige Gesicht und klatschte in die Hände. Der alte Weihnachtsmann sah gar nicht mehr so brummig aus und der kleine weiße Spitz sprang hin und her und bellte.

Als die Lichter ein wenig heruntergebrannt waren, wehte das Christkind mit seinen goldsilbernen Flügeln und da gingen die Lichter aus. Es sagte dem Weihnachtsmann, er solle das Bäumchen vorsichtig absägen. Das tat er und dann gingen die beiden den Berg hinab und nahmen das bunte Bäumchen mit.

Als sie in den Ort kamen, schlief schon alles. Beim kleinsten Hause machten die beiden halt. Das Christkind machte leise die Tür auf und trat ein, der Weihnachtsmann ging hinterher. In der Stube stand ein dreibeiniger Schemel mit einer durchlochten Platte, den stellten sie auf den Tisch und steckten den Baum hinein. Der Weihnachtsmann legte dann noch allerlei schöne Dinge – Spielzeug, Kuchen, Äpfel und Nüsse – unter den Baum. Danach verließen sie das Haus ebenso leise, wie sie es betreten hatten.

Als der Mann, dem das Häuschen gehörte, am nächsten Morgen erwachte und den bunten Baum sah, staunte er und wusste nicht, was er dazu sagen sollte. Als er aber an dem Türpfosten, den die Flügel vom Christkind gestreift hatten, Gold - und Silberflimmer hängen sah, wusste er Bescheid. Er steckte die Lichter an dem Bäumchen an und weckte Frau und Kinder.

Das war eine Freude in dem kleinen Haus wie an keinem anderen Weihnachtstag. Keines von den Kindern sah nach dem Spielzeug und nach dem Kuchen und den Äpfeln, sie sahen nur nach dem Lichterbaum. Sie fassten sich an den Händen, tanzten um den Baum und sangen alle Weihnachtslieder, die sie kannten. Selbst das kleinste, das noch auf dem Arm getragen wurde, krähte, was es krähen konnte.

Vor dem Fenster aber standen das Christkind und der Weihnachtsmann und sahen lächelnd zu.

Als es helllichter Tag geworden war, kamen die Freunde und Verwandten des Bergmanns, sahen sich das Bäumchen an, freuten sich darüber und gingen gleich in den Wald, um sich für ihre Kinder auch ein Weihnachtsbäumchen zu holen. Die anderen Leute, die das sahen, machten es nach, jeder holte sich einen Tannenbaum und schmückte ihn, der eine so, der andere so, aber Lichter, Äpfel und Nüsse hängten alle in ihren Baum.

Als es Abend wurde, brannte im ganzen Dorf Haus bei Haus ein Weihnachtsbaum. Überall hörte man Weihnachtslieder und das Jubeln und Lachen der Kinder. Von da aus ist der Weihnachtsmann über ganz Deutschland gewandert und von da über die ganze Erde. Weil aber der erste Weihnachtsbaum am Morgen brannte, werden die Kinder in manchen Gegenden morgens beschert.

4. Dezember

Jacob und Wilhelm Grimm
Schneeweißchen und Rosenrot

Eine arme Witwe, die lebte einsam in einem Häuschen. Vor dem Häuschen war ein Garten, darin standen zwei Rosenbäumchen, davon trug das eine weiße, das andere rote Rosen. Die Witwe hatte zwei Töchter, die glichen den beiden Rosenbäumchen, die eine hieß Schneeweißchen, die andere Rosenrot. Sie waren so freundlich und gut, so tüchtig und hilfsbereit, wie je zwei Kinder auf der Welt gewesen sind. Schneeweißchen war stiller und sanfter als Rosenrot. Rosenrot sprang lieber in den Wiesen und Feldern umher, suchte Blumen und fing Sommervögel. Schneeweißchen aber saß bei ihrer Mutter, half ihr im Haus oder las ihr vor, wenn nichts zu tun war. Die beiden Kinder hatten einander so lieb, dass sie sich immer an den Händen fassten, sooft sie zusammen ausgingen. Wenn Schneeweißchen sagte: »Wir wollen uns nicht verlassen«, so antwortete Rosenrot: »Solange wir leben, nicht.« Die Mutter

setzte hinzu: »Was die eine hat, soll sie mit der andern teilen.« Oft liefen sie im Walde allein umher und sammelten rote Beeren. Kein Tier tat ihnen etwas zuleide, sondern sie kamen alle vertraulich herbei: Das Häschen fraß ein Kohlblatt aus ihren Händen, das Reh graste an ihrer Seite, der Hirsch sprang lustig vorbei und die Vögel blieben auf den Ästen sitzen und sangen, was sie nur wussten. Kein Unfall traf sie. Wenn sie sich im Walde verspätet hatten und die Nacht sie überfiel, so legten sie sich nebeneinander auf das Moos und schliefen, bis der Morgen kam. Die Mutter wusste das und hatte ihretwegen keine Sorge. Einmal, als sie im Walde übernachtet hatten und das Morgenrot sie aufweckte, sahen sie ein schönes Kind in einem weißen, glänzenden Kleidchen neben ihrem Lager sitzen. Es stand auf und blickte sie ganz freundlich an, sprach aber nichts und ging in den Wald hinein. Als sie aufstanden und sich umsahen, bemerkten sie, dass sie ganz nahe an einem Abgrund geschlafen hatten. Sie wären gewiss hinuntergestürzt, wenn sie in der Dunkelheit noch ein paar Schritte weitergegangen wären. Die Mutter sagte, das müsste der Engel gewesen sein, der gute Kinder bewache.

Schneeweißchen und Rosenrot hielten das Häuschen der Mutter so sauber, dass es eine Freude war hineinzuschauen. Im Sommer umsorgte Rosenrot das Haus und stellte der Mutter jeden Morgen, ehe sie aufwachte, einen Blumenstrauß ans Bett, darin war von jedem Bäumchen eine Rose. Im Winter zündete Schneeweißchen das Feuer an und hängte den Kessel an den Feuerhaken. Der Kessel war aus Messing, glänzte aber wie Gold, so rein war er gescheuert. Abends, wenn die Flocken fielen, sagte die Mutter: »Geh, Schneeweißchen, und schieb den Riegel vor.« Anschließend setzten sie sich an den Herd und die Mutter nahm die Brille und las aus einem großen Buch vor. Die beiden Mädchen hörten zu, saßen und spannen. Neben ihnen lag ein Lämmchen auf dem Boden und hinter ihnen auf einer Stange saß ein weißes Täubchen und hatte seinen Kopf unter den Flügel gesteckt.

Eines Abends, als sie so vertraulich beisammensaßen, klopfte jemand an die Türe, als wollte er eingelassen sein. Die Mutter sagte: »Geschwind, Rosenrot, mach auf. Es wird ein Wanderer sein, der Obdach sucht.« Rosenrot ging und schob den Riegel weg und dachte, es wäre ein armer Mann. Aber es war ein Bär, der seinen dicken schwarzen Kopf zur Türe hereinstreckte. Rosenrot schrie laut und sprang zurück. Das Lämmchen blökte, das Täubchen flatterte auf und Schneeweißchen versteckte sich hinter dem Bett der Mutter. Der Bär aber fing an zu sprechen und sagte: »Bitte fürchtet euch nicht, ich tue euch nichts zuleide. Ich bin halb erfroren und will mich nur ein wenig bei euch wärmen.«

»Du armer Bär«, erwiderte die Mutter. »Komm, leg dich ans Feuer und gib nur acht, dass dir dein Pelz nicht anbrennt.«

Dann rief sie: »Schneeweißchen, Rosenrot, kommt hervor, der Bär tut euch nichts.«

Da kamen die beiden heran und nach und nach näherten sich auch das Lämmchen und das Täubchen.

Der Bär bat: »Ihr Kinder, klopft mir den Schnee ein wenig aus dem Pelz.«

Da holten Schneeweißchen und Rosenrot den Besen und kehrten dem Bären das Fell rein. Er aber streckte sich ans Feuer und brummte vergnügt und behaglich. Nicht lange und sie wurden ganz vertraut und trieben liebevollen Schabernack mit dem Gast. Sie zerzausten ihm das Fell mit den Händen, setzten ihre Füßchen auf seinen Rücken und walkten ihn hin und her. Der Bär ließ sich das gerne gefallen, nur wenn sie es gar zu arg trieben, rief er:

»Lasst mich am Leben, ihr Kinder.

Schneeweißchen, Rosenrot, schlägt dir den Freier tot.«

Als Schlafenszeit war und die andern zu Bett gingen, sagte die Mutter zum Bären: »Du kannst in Gottes Namen da am Herde liegen bleiben, so bist du vor der Kälte und dem bösen Wetter geschützt.« Sobald der Tag graute, ließen ihn die beiden Mädchen hinaus und er trabte über den Schnee in den Wald hinein. Von nun an kam der Bär jeden Abend, legte sich an den Herd und erlaubte es den Mädchen, Spaß mit ihm zu treiben, so viel sie wollten. Bald

waren sie so an ihn gewöhnt, dass sie die Türe nicht eher zuriegelten, als bis der schwarze Gesell da war.

Als das Frühjahr anbrach und draußen alles grün war, sagte der Bär eines Morgens zu Schneeweißchen: »Nun muss ich fort und darf den ganzen Sommer nicht wiederkommen.«

»Wo gehst du denn hin, lieber Bär?«, fragte Schneeweißchen betrübt.

»Ich muss in den Wald und meine Schätze vor den bösen Zwergen hüten: Im Winter, wenn die Erde hart gefroren ist, müssen sie unten bleiben und können sich nicht durcharbeiten. Aber jetzt, wo die Sonne die Erde aufgetaut und erwärmt hat, da brechen sie durch, steigen herauf, suchen und stehlen. Was einmal in ihren Händen ist und in ihren Höhlen liegt, das kommt so leicht nicht wieder ans Tageslicht.« Schneeweißchen war ganz traurig über den Abschied. Als es ihm die Türe aufsperrte und der Bär sich hinausdrängte, blieb er am Türhaken hängen und ein Stück seiner Haut riss auf. Da war Schneeweißchen, als hätte es Gold durchschimmern gesehen, aber es war seiner Sache nicht gewiss. Der Bär lief eilig fort und war bald hinter den Bäumen verschwunden.

Nach einiger Zeit schickte die Mutter die Kinder in den Wald, Reisig zu sammeln. Da fanden sie einen großen Baum, der gefällt auf dem Boden lag. An seinem Stamm sprang zwischen dem Gras etwas auf und ab, sie konnten aber nicht erkennen, was es war. Als sie näher kamen, sahen sie einen Zwerg mit einem alten, verrunzelten Gesicht und einem ellenlangen, schneeweißen Bart. Das Ende des Bartes war in eine Spalte des Baums eingeklemmt und der Kleine sprang hin und her wie ein Hündchen an einem Seil und wusste nicht, wie er sich helfen sollte. Er glotzte die Mädchen mit seinen roten feurigen Augen an und schrie: »Was steht ihr da herum! Könnt ihr mir nicht Beistand leisten?«

»Wie hast du das denn angefangen, kleines Männchen?«, fragte Rosenrot.

»Dumme, neugierige Gans«, antwortete der Zwerg, »den Baum wollte ich mir spalten, um kleines Holz für die Küche zu haben. Bei den dicken Klötzen verbrennt gleich das bisschen Speise, das unsereiner braucht, der nicht so viel herunterschlingt wie ihr grobes, gieriges Volk. Ich hatte den Keil schon glücklich hineingetrieben und es wäre alles nach

Wunsch gegangen, aber das verwünschte Holz war zu glatt und sprang unversehens heraus. Der Baum fuhr so geschwind zusammen, dass ich meinen schönen weißen Bart nicht mehr herausziehen konnte. Nun steckt er drin und ich kann nicht fort.«

Die Mädchen gaben sich alle Mühe, aber sie konnten den Bart nicht herausziehen, er steckte zu fest.

»Ich will laufen und Leute herbeiholen«, sagte Rosenrot.

»Wahnsinnige Schafsköpfe«, schnarrte der Zwerg, »wer wird gleich Leute herbeirufen? Ihr seid mir schon zwei zu viel. Fällt euch nicht Besseres ein?«

»Sei nur nicht so ungeduldig«, sagte Schneeweißchen, »ich weiß Rat, wie dir zu helfen ist.« Es holte sein Scherchen aus der Tasche und schnitt das Ende des Bartes ab.

Sobald der Zwerg frei war, griff er nach einem Sack, der zwischen den Wurzeln des Baums steckte und mit Gold gefüllt war, hob ihn heraus und brummte vor sich hin: »Ungehobeltes Volk, schneidet mir ein Stück von meinem stolzen Bart ab! Lohn's euch der Kuckuck!« Damit schwang er seinen Sack auf den Rücken und ging fort, ohne die Mädchen auch nur noch einmal anzusehen.

Einige Zeit danach wollten Schneeweißchen und Rosenrot für ein Gericht Fische angeln. Als sie nahe beim Bach waren, sahen sie, dass etwas wie eine große Heuschrecke zum Wasser hüpfte, als wollte es hineinspringen. Sie liefen heran und erkannten den Zwerg.

»Wo willst du hin?«, fragte Rosenrot. »Doch nicht etwa ins Wasser?«

»Solch ein Narr bin ich nicht«, schrie der Zwerg, »seht ihr nicht? Der verwünschte Fisch will mich hineinziehen!«

Der Kleine hatte dagesessen und geangelt. Unglücklicherweise hatte der Wind seinen Bart mit der Angelschnur verflochten. Als gleich darauf ein großer Fisch anbiss, fehlten dem schwachen Geschöpf die Kräfte, ihn herauszuziehen. Der Fisch behielt die Oberhand und riss den Zwerg zu sich. Zwar hielt er sich an allen Halmen und Binsen fest, aber das half nicht viel, er musste den Bewegungen des Fisches folgen und war in beständiger Gefahr, ins Wasser gezogen zu werden.

Die Mädchen kamen zur rechten Zeit. Sie hielten den Zwerg fest und versuchten seinen Bart von der Schnur loszumachen – aber vergebens, Bart und Schnur waren fest ineinander verwirrt. Es blieb ihnen nichts übrig, als abermals die Schere hervorzuholen und den Bart abzuschneiden, wobei ein kleiner Teil desselben verloren ging.

Als der Zwerg das sah, schrie er sie an: »Sind das etwa Manieren, einem das Gesicht zu schänden? Nicht genug, dass ihr mir den Bart unten gestutzt habt, jetzt schneidet ihr mir auch noch den besten Teil davon ab. Ich darf mich vor den Meinigen gar nicht mehr sehen lassen!« Dann holte er einen Sack Perlen, der im Schilf lag, und ohne ein weiteres Wort schleppte er ihn fort und verschwand hinter einem Stein.

*

Es trug sich zu, dass die Mutter die beiden Mädchen kurz darauf in die Stadt schickte, um Zwirn, Nadeln, Schnüre und Bänder einzukaufen. Der Weg führte sie über eine Heide, auf der hier und da mächtige Felsenstücke lagen. Sie sahen einen großen Vogel in der Luft schweben, der langsam über ihnen kreiste, sich immer tiefer herabsenkte und endlich nicht weit bei einem Felsen niederstieß. Gleich darauf hörten sie einen durchdringenden, jämmerlichen Schrei. Sie liefen zu dem Felsen und sahen mit Schrecken, dass der Adler ihren alten Bekannten, den Zwerg, gepackt hatte und forttragen wollte. Die mitleidigen Kinder hielten das Männchen fest und zerrten so lange an ihm, bis der Adler seine Beute fahren ließ.

Als der Zwerg sich vom ersten Schrecken erholt hatte, schrie er mit einer kreischenden Stimme: »Konntet ihr nicht säuberlicher mit mir umgehen? Gerissen habt ihr an meinem dünnen Röckchen, dass es überall zerfetzt und durchlöchert ist, unbeholfenes und läppisches Gesindel, das ihr seid!« Er nahm einen Sack mit Edelsteinen und schlüpfte wieder unter den Felsen in seine Höhle.

Die Mädchen waren an seinen Undank schon gewöhnt, setzten ihren Weg fort und erledigten in der Stadt ihre Ein-

käufe. Als sie beim Heimweg wieder durch die Heide gingen, überraschten sie den Zwerg, der auf einem reinlichen Plätzchen seinen Sack mit den Edelsteinen ausgeschüttet und nicht gedacht hatte, dass so spät noch jemand daherkommen würde. Die Abendsonne schien über die glänzenden Steine, sie schimmerten und leuchteten so prächtig in allen Farben, dass die Mädchen stehen blieben und sie betrachteten.

»Was steht ihr da und gafft!«, schrie der Zwerg und sein aschgraues Gesicht war zinnoberrot vor Zorn. Er wollte mit seinen Beschimpfungen fortfahren, als ein lautes Brummen ertönte und ein schwarzer Bär aus dem Wald herbeitrabte. Erschrocken sprang der Zwerg auf, aber er konnte nicht mehr zu seinem Schlupfwinkel gelangen, der Bär war schon zu nah. Da rief er in Todesangst: »Lieber Herr Bär, verschont mich, ich will Euch auch alle meine Schätze geben. Seht, die schönen Edelsteine, die da liegen. Schenkt mir das Leben, was habt Ihr an mir kleinem, schmächtigem Kerl? Ihr spürt mich nicht zwischen den Zähnen. Packt lieber die beiden gottlosen Mädchen, das sind zarte Bissen für Euch, fett wie junge Wachteln, die fresst in Gottes Namen.« Doch der Bär kümmerte sich nicht um seine Worte, sondern gab dem boshaften Geschöpf einen einzigen Schlag mit der Tatze und es regte sich nicht mehr.

Die Mädchen waren fortgesprungen, aber der Bär rief ihnen nach: »Schneeweißchen und Rosenrot, fürchtet euch nicht. Wartet, ich will mit euch gehen.« Da erkannten sie seine Stimme und blieben stehen. Als der Bär bei ihnen war, fiel plötzlich die Bärenhaut von ihm ab und vor ihnen stand ein schöner Mann, ganz in Gold gekleidet. »Ich bin eines Königs Sohn«, sprach er, »und war von dem Zwerg, der mir meine Schätze gestohlen hatte, verwünscht, als wilder Bär im Wald zu laufen, bis ich durch seinen Tod erlöst würde. Jetzt hat er seine wohlverdiente Strafe empfangen.«

Schneeweißchen heiratete den Prinzen und Rosenrot seinen Bruder und sie teilten die großen Schätze miteinander, die der Zwerg in seiner Höhle zusammengetragen hatte. Die alte Mutter lebte noch lange Jahre glücklich und zufrieden bei ihren Kindern. Die zwei Rosenbäumchen aber nahm sie mit. Sie standen vor ihrem Fenster und trugen jedes Jahr die schönsten Rosen, weiß und rot.

5. Dezember

Uwe Prieser
Die Geschichte von der Entstehung des Adventskalenders

Vor mehr als einhundert Jahren lebte in einem kleinen Ort nicht weit vom Schwarzwald eine Pfarrersfrau. Sie hieß Selma Lang. Jeden Abend musste sie ihrem Sohn Gerhard eine Geschichte vorlesen, weil er sonst nicht einschlafen konnte.

Zur Adventszeit war es besonders schlimm, weil Gerhard so aufgeregt war. Er konnte es gar nicht abwarten, dass endlich Weihnachten wurde.

An diesem Abend saß sie an seinem Bett und las ihm eine Geschichte aus einem Lieblingsbuch ihrer Kindheit vor: »Abends, wenn die kleine Elisabeth zu Bette ist, dann erzählt ihr die Mutter immer etwas von der Weihnachtsgeschichte …«

Wenn der 1. Dezember gekommen war, durfte die kleine Elisabeth in der Geschichte jeden Tag ein neues Bild aus der

Weihnachtsgeschichte an die Wand hängen. Und wenn sie das 24. Bild aufhängte, war Heiligabend da.

Als er das hörte, wäre Gerhard am liebsten gleich aus dem Bett gesprungen, um ein Weihnachtsbild zu malen und es an die Wand zu hängen. Nachdem seine Mutter das Licht gelöscht hatte, stellte er sich die wunderschönsten Weihnachtsbilder vor. Er wurde ein bisschen traurig, weil er nicht gut zeichnen und malen konnte.

»Ich würde auch gerne Weihnachtsbilder malen«, sagte er am nächsten Morgen zu seiner Mutter. »Dann würde die Zeit bis Weihnachten viel schneller herumgehen. Aber ich kann ja nicht zeichnen.«

Selma Lang überlegte, wie sie ihrem Sohn künftig die Wartezeit auf Weihnachten verkürzen könnte. Als im nächsten Jahr die Weihnachtszeit herankam, backte sie ihm 24 kleine feste Kekse und heftete sie alle auf einen Karton. Ab dem 1. Dezember durfte Gerhard jeden Tag ein Stück Gebäck abknipsen und essen. Wenn er das letzte Stück aufgegessen hatte, war Weihnachten.

Jeden Morgen lief Gerhard noch vor dem Frühstück zu dem Karton und aß schnell einen Keks. Wieder ein Stück weniger, dachte er. Warum vergingen die Tage vor dem Weihnachtsfest bloß so langsam und nicht so schnell wie Ferientage?

∗

Viele Jahre vergingen. Nun war Gerhard erwachsen und Buchhändler geworden. Zweiundzwanzig Jahre war er alt. Das Weihnachtsfest aber liebte er noch genauso, wie er es als Kind geliebt hatte.

Gerhard lebte jetzt weit weg von zu Hause in der großen Stadt München. Zur Weihnachtszeit hatte er immer ein bisschen Heimweh nach dem kleinen Ort, in dem er aufgewachsen war. Eines Abends erinnerte er sich an die 24 kleinen Kekse, die seine Mutter früher für ihn gebacken hatte, und an die Geschichte mit den 24 Weihnachtsbildern an der Wand.

Wie damals gingen ihm auch jetzt sofort wieder viele schöne Weihnachtsbilder durch den Kopf. Weil er noch immer nicht gut zeichnen konnte, dachte er sich zu den Bildern kleine Gedichte aus und schrieb sie auf. Genau 24 Gedichte.

Er hatte einen guten Freund, der Richard Ernst Kepler hieß und ein sehr guter Zeichner war. Der zeichnete und malte zu seinen Gedichten 24 wunderschöne Bilder auf einen großen Karton. Auf einen zweiten Karton malte er dazu einen Kalender mit kleinen Fenstern, in denen die Zahlen 1 bis 24 standen. Unter den Zahlen konnte man die Gedichte und Verse seines Freundes lesen.

In diesem Jahr schnitt Gerhard Lang vom 1. Dezember bis Heiligabend jeden Tag aus dem Karton mit den Bildern eines aus und legte es in das passende Kalenderfenster.

Die Zeit vor Weihnachten verging ihm nun viel schneller. Im folgenden Jahr ließ er die beiden Kartons für alle Kinder

drucken, die genauso ungeduldig wie er auf das Weihnachtsfest warteten. Und so wurde vor über 100 Jahren der erste Adventskalender erfunden.

6. Dezember

Die Legende vom Heiligen Nikolaus

Nacherzählt von Imke Sörensen

Es ist viele, viele hundert Jahre her, da lebte in der heutigen Türkei ein junger Mann. Er hieß Nikolaus und er hatte großes Glück, denn seine Eltern waren reich, sodass er ohne Not und Hunger aufwuchs. Als seine Eltern starben, erbte Nikolaus ihr Geld. Nun war auch er reich. Aber das bedeutete ihm nichts. Er wollte das viele Geld auch nicht für sich ausgeben, sondern damit lieber anderen helfen, die es nötiger brauchten als er. Darum entwickelte er ein gutes Gespür und einen aufmerksamen Blick für Menschen in Not und solche, die es gewohnt waren zu verzichten.

So kam es auch, dass er unbeabsichtigt Zeuge eines Gesprächs zwischen einem armen Mann und seinen drei Töchtern wurde.

»Meine drei Lieblinge, es bricht mir das Herz, aber ihr könnt leider nicht mehr zu Hause wohnen. Das Geld reicht nicht und

deswegen werdet ihr morgen zu euren neuen Dienstherren ziehen. Dort könnt ihr arbeiten und habt ein Dach über dem Kopf und genug zu essen«, sagte er ihnen bekümmert.

Natürlich waren die Kinder traurig. Sie wären so gerne bei ihrem Vater geblieben, aber sie verstanden, dass das einfach nicht ging, und taten alles, damit ihr Vater sich deshalb nicht schlecht fühlte.

Nikolaus bewunderte die Mädchen. Er hätte ihnen gern geholfen, wollte aber nicht, dass die ganze Stadt davon erfuhr, weil sie das vielleicht in Verlegenheit gebracht hätte. Außerdem wusste er natürlich gar nicht, ob sie seine Hilfe überhaupt wollten.

»Viel besser und schöner ist es doch, wenn die Familie nicht mir dankt, sondern Gott«, dachte er und überlegte sich, wie er das am besten anstellte. Endlich fiel ihm etwas ein. Er füllte einen kleinen Beutel mit Geld und schlich sich nachts zum Haus der Familie. Dort kletterte er auf einen Baum, der direkt neben dem Haus stand. Seine Äste ragten bis zum Dach. Nikolaus stieg aufs Dach, ließ den Beutel behutsam den Schornstein hinuntergleiten und eilte anschließend so schnell und leise wie möglich nach Hause.

Am nächsten Morgen fand eine der Schwestern den Beutel im Kamin. Sie strahlte und rief: »Seht nur, was für ein Wunder geschehen ist! Nun reicht das Geld doch, dass zumindest unsere jüngste Schwester zu Hause bleiben kann!« In den nächsten beiden Nächten warf Nikolaus nochmals je einen Beutel mit

Geld in den Kamin, damit alle drei Kinder mit ihrem Vater zusammenbleiben konnten.

In der dritten Nacht aber war der Vater wach geblieben, um dem unbekannten Helfer zu danken. Er eilte nach draußen, als der dritte Geldbeutel nach unten in den Kamin fiel. »Nikolaus! Du bist also unser edler Retter«, rief er und bedankte sich von Herzen.

Nikolaus bat ihn, es niemandem zu verraten.

Aber mit der Zeit hatten die Menschen von Myra trotzdem bemerkt, dass er den Armen half, wo immer er konnte. Und als die Stadt einen neuen Bischof brauchte, wünschten sich die meisten, dass Nikolaus das Amt übernahm. So wurde Nikolaus zum Bischof von Myra und er nahm seine Aufgabe sehr ernst, hörte jedem zu und wusste meistens einen Rat.

Eines Nachts wütete ein furchtbarer Sturm über dem Meer und in der Stadt Myra. Er brachte Gewitter, Hagel, Sturzfluten an Regen und einen Orkan mit sich und vor der Stadt trieb ein Schiff direkt auf die Klippen zu. Nikolaus erkannte, dass es das Schiff dreier Pilger war, die ihre Reise für Gott unternahmen. Er beschloss in einem Boot zu ihnen zu fahren. Die Männer am Hafen beschworen ihn bei diesem Wetter nicht in ein Boot zu steigen, da niemand außer Gott etwas für die drei Pilger tun konnte.

»Genau, nur Gott kann die Pilger retten. Und nur er kann diesen Sturm beenden«, stimmte Nikolaus ihnen zu. »Darum muss ich zu ihnen und ihnen sagen, dass sie keine Angst haben müssen.«

Aber niemand traute sich bei diesem Wetter aufs Meer, um Nikolaus zu dem Schiff zu rudern. Nur ein alter, gläubiger Fischer ging zu seinem Boot und rüstete es für die Fahrt durch den Sturm.

Das Meer toste, rauschte und brauste, aber die beiden Männer schafften es wie durch ein Wunder durch die meterhohen Wellen zum Schiff der Pilger. Auch die drei Pilger waren sprachlos, dass Nikolaus zu ihnen gekommen war. Da sagte er ihnen dasselbe wie den Männern im Hafen: »Ich bin hier, damit ihr wisst und darauf vertraut, dass Gott euch helfen kann.« Dann betete er zu Gott, wandte sich anschließend an den Sturm und sagte: »Nun höre auf und werde ruhig und still.« Da legte sich der Sturm, verzog sich das Gewitter, hörten Hagel und Regen auf. Das Schiff glitt sicher in den Hafen und wurde jubelnd empfangen.

So lebten die Menschen in Myra voller Vertrauen in ihren Bischof und darauf, dass er ihnen immer

helfen würde. Bis eine große Hungersnot die Stadt und das Land befiel und nach einer großen Dürre kein Korn mehr auf den Feldern wuchs. Niemand hatte genug zu essen, das Vieh schrie und die Kinder weinten vor Hunger und Not.

Da fingen die Menschen an zu murren und verloren ihren Glauben an Gott. »Du hast immer gesagt, dass Gott uns hilft. Warum bringt er uns dann keinen Regen und lässt das Korn wachsen?«, fragten sie ihren Bischof.

Aber Nikolaus hielt an seinem Glauben fest und betete zu Gott. Er war überzeugt, dass Gott alles konnte, sogar für Brot sorgen.

Kurz darauf erklangen wundervolle Rufe in der Stadt. »Korn! Es gibt Korn! Schiffe voll mit Korn!« Alle liefen zum Hafen, wo Getreidehändler mit ihren Schiffen angelegt hatten. Doch sie konnten den Einwohnern von Myra nichts abgeben, da das Korn für den Kaiser in Byzanz bestimmt war.

»Wenn wir nicht die ganze Fracht abliefern, werden wir bestraft. Es tut uns von Herzen leid, aber wir können euch nicht helfen«, sagten die Getreidehändler den enttäuschten Leuten.

Nur Nikolaus war voller Zuversicht. »Gott hat uns dieses Getreide geschickt. Darum wird er auch dafür Sorge tragen, dass wir wieder Brot backen und das Vieh füttern können«, dachte er.

Nikolaus sprach mit den Getreidehändlern und bat sie der Stadt von jedem Schiff hundert Scheffel Getreide zu überlassen. Er versprach, dass ihnen später bei der Lieferung an den

Kaiser nichts fehlen würde. Er musste lange mit ihnen reden, um sie zu überzeugen. Am Ende überließen sie ihm die erbetene Menge.

Als die Händler Byzanz erreichten, konnten sie es kaum glauben, aber ihnen fehlte tatsächlich nicht ein Gramm Korn.

Für die Menschen in Myra war die Hungersnot endlich vorbei. Sie konnten Brot backen, ihren Kindern zu essen geben, das Vieh versorgen und hatten sogar noch genug Getreide übrig, um es auf den Feldern auszusäen. Sie dankten Gott und ihrem Bischof Nikolaus für das rettende Geschenk.

7. Dezember

Hans Christian Andersen

Der Schneemann

»Es knackt tüchtig in mir, so herrlich kalt ist es!«, sagte der Schneemann. »Der Wind kann einem Leben eintreiben. Und wie die Glühende dort glotzt!« Damit meinte er die Sonne, die eben untergehen wollte. »Sie soll mich nicht zum Blinzeln bringen, ich kann die Brocken schon noch festhalten.« Er hatte nämlich statt Augen zwei große dreieckige Dachziegelbrocken, der Mund war ein Stück einer alten Harke, deshalb hatte er auch Zähne. Er war unter den Jubelrufen der Kinder geboren, begrüßt vom Schellengeläut der Schlitten. Die Sonne ging unter, der Vollmond ging auf, rund und groß, klar und schön in der blauen Luft.

»Da haben wir sie wieder von einer anderen Seite!«, sagte der Schneemann. Er glaubte, es wäre die Sonne, die sich wieder zeigte. »Ach, wüsste ich nur, wie man von der Stelle kommt! Wenn ich es könnte, würde ich dort unten auf dem Eise hin-

gleiten, wie die Jungen es getan haben. Aber ich verstehe nichts vom Laufen.«

»Weg! Weg!«, bellte der alte Kettenhund. »Die Sonne wird dich laufen lehren! Das habe ich bei deinem Vorgänger auch gesehen. Weg, weg und weg sind sie alle!«

»Ich verstehe dich nicht, Kamerad!«, erwiderte der Schneemann. »Die dort oben soll mich laufen lehren?« Er meinte den Mond. »Ja, sie lief freilich vorhin, als ich sie fest ansah, nun schleicht sie von einer anderen Seite heran.«

»Du weißt auch gar nichts!«, sagte der Kettenhund. »Aber du bist ja auch eben erst zusammengeklatscht worden. Was du nun siehst, heißt Mond. Das, was fortging, war die Sonne. Sie kommt morgen wieder, sie wird dich schon lehren in den Wallgraben hinabzulaufen. Wir bekommen bald anderes Wetter, das spüre ich in meinem linken Hinterbein. Es reißt darin.«

»Ich verstehe ihn nicht«, murmelte der Schneemann, »aber ich habe das Gefühl, dass es etwas Unangenehmes ist, was er sagt. Aber sie, die so glotzte und sich dann davonmachte, die Sonne, wie er sie nennt, ist nicht meine Freundin, das habe ich im Gefühl!«

Das Wetter änderte sich tatsächlich. Dicker, feuchter Nebel lag gegen Morgen über der ganzen Gegend. Als es Tag wurde, begann es zu wehen, der Wind war eisig, der Frost packte die Welt, aber was war das für ein Anblick, als die Sonne aufging! Bäume und Büsche waren mit Raureif bedeckt. Es war, als ob alle Zweige mit strahlend weißen Blüten übersät wären. Die unendlich vielen und feinen Verästelungen, die man im Sommer unter all den Blättern nicht sieht, kamen nun alle einzeln hervor. Es war eine unvergleichliche Pracht! Und als dann die Sonne schien, nein, wie funkelte das Ganze, als ob es mit Diamantenstaub überpudert wäre, und auf der Schneedecke des Erdbodens glitzerten die großen Diamanten. Man konnte glauben, dass dort unzählige kleine Lichter brannten, weißer als der weiße Schnee.

»Das ist unvergleichlich schön!«, sagte ein junges Mädchen, das mit einem jungen Mann in den Garten trat und gerade beim Schneemann stehen blieb, wo sie die flimmernden Bäume betrachteten. »Einen schöneren Anblick hat man selbst im Sommer nicht!« Ihre Augen strahlten. »Und

so einen Kerl wie diesen hier hat man im Sommer erst recht nicht«, sagte der junge Mann und zeigte auf den Schneemann. »Er ist ausgezeichnet!« Das junge Mädchen lachte, nickte dem Schneemann zu und tanzte mit ihrem Freund über den Schnee dahin, der unter ihnen knirschte.

»Wer waren die beiden?«, fragte der Schneemann den Kettenhund. »Du bist länger auf dem Hof als ich. Kennst du sie?«

»Versteht sich!«, antwortete der Kettenhund. »Sie hat mich ja gestreichelt und er hat mir einen Knochen gegeben, die beiße ich nicht!«

»Aber was sind sie?«, fragte der Schneemann.

»Brrr...rautleute!«, erklärte der Kettenhund. »Sie werden zusammen in eine Hütte ziehen.«

»Haben die beiden ebenso viel zu bedeuten wie du und ich?«, fragte der Schneemann weiter.

»Sie gehören zur Herrschaft!«, sagte der Kettenhund. »Man weiß wirklich ungemein wenig, wenn man erst gestern geboren ist. Das merke ich an dir! Ich bin alt und habe Kenntnisse, ich kenne alle hier im Hause! Und ich habe eine Zeit gekannt, wo ich nicht hier in der Kälte und an der Kette lag. Weg! Weg!«

»Die Kälte ist herrlich«, jubelte der Schneemann und bat: »Erzähle, erzähle!«

»Ein Hündchen war ich, klein und niedlich. Damals lag ich in einem Samtstuhl drinnen im Hause, sie küssten mich auf die Schnauze und wischten mir die Pfoten mit einem gestickten Taschentuch ab, ich hieß ›Schönster‹ und ›Pusselpusselbein-

chen‹. Aber dann wurde ich ihnen zu groß, sie schenkten mich der Haushälterin, ich kam in die Kellerwohnung! Du kannst hineinsehen von dort aus, wo du stehst, du kannst in die Kammer hinabsehen. Es war ein geringerer Ort als oben, aber hier war es gemütlicher, ich wurde nicht von den Kindern gedrückt und herumgeschleppt wie oben. Ich bekam ebenso gutes Futter wie früher und viel mehr! Ich hatte mein eigenes Kissen und dann war da ein Ofen, der um diese Zeit das Schönste von der Welt ist! Ich kroch ganz darunter, sodass ich verschwunden war. Ach, von dem Ofen träume ich immer noch.«

»Sieht denn ein Ofen so schön aus?«, fragte der Schneemann. »Hat er Ähnlichkeit mit mir?«

»Er ist das Gegenteil von dir! Kohlschwarz ist er. Er frisst Brennholz, dass ihm das Feuer aus dem Munde sprüht. Man muss sich an seiner Seite halten, ganz nahe oder unter ihm, das ist äußerst angenehm. Du musst ihn durch das Fenster sehen können von dort aus, wo du stehst.«

Und der Schneemann guckte und sah wirklich einen schwarzen blank polierten Gegenstand. Das Feuer leuchtete unten heraus.

»Und warum verließest du sie?«, fragte er. Er hatte das Gefühl, dass es ein weibliches Wesen sein musste. »Wie konntest du nur so einen Ort verlassen?«

»Ich bin dazu gezwungen worden!«, antwortete der Kettenhund. »Sie warfen mich hinaus und legten mich hier an die Kette. Ich hatte den jüngsten Sohn ins Bein gebissen, weil er den

Knochen wegstieß, an dem ich nagte. Aber das nahmen sie mir übel und von der Zeit an liege ich an der Kette und habe meine klare Stimme verloren, höre nur, wie heiser ich bin: Weg! Weg! Das war das Ende vom Lied!«

Der Schneemann hörte nicht mehr zu, er sah immerfort in die Kellerwohnung der Haushälterin, wo der Ofen auf seinen vier eisernen Beinen stand. »Es knackt so seltsam in mir«, sagte er. »Soll ich niemals dort hineinkommen? Es ist doch ein unschuldiger Wunsch. Es ist mein höchster Wunsch, mein einziger Wunsch und es wäre fast ungerecht, wenn er nicht erfüllt würde. Ich muss dort hinein, muss mich an sie lehnen, und wenn ich auch das Fenster zerschlagen sollte!«

»Dort kommst du niemals hinein«, sagte der Kettenhund, »und kommst du an den Ofen, dann bist du weg. Weg!« – »Ich bin schon so gut wie weg!«, erwiderte der Schneemann. »Ich breche zusammen, glaube ich.«

Den ganzen Tag stand der Schneemann da und guckte zum Fenster hinein. In der Dämmerstunde wurde die Stube noch einladender. Vom Ofen her leuchtete es so mild, nicht wie der Mond und auch nicht wie die Sonne. Ging die Tür auf, so schlug die Flamme heraus, es glühte rot auf im weißen Gesicht des Schneemannes, leuchtete rot über seine Brust. »Ich halte es nicht mehr aus!«, rief er. »Wie schön es sie kleidet, die Zunge herauszustrecken!«

Die Nacht war sehr lang, aber nicht für den Schneemann, er stand da in seine eigenen schönen Gedanken vertieft, und die froren, dass es knackte. Am Morgen waren die Kellerfenster zugefroren, sie trugen die schönsten Eisblumen, die nur ein Schneemann verlangen konnte, aber sie verbargen den Ofen. Es knackte, es knirschte, es war gerade so ein Frostwetter, an dem ein Schneemann seine Freude haben muss, aber er freute sich nicht, er hatte Ofensehnsucht.

»Das ist eine schlimme Krankheit für einen Schneemann«, sagte der Kettenhund. »Ich habe auch an der Krankheit gelitten, aber ich habe sie überstanden. Weg! Weg! Nun bekommen wir anderes Wetter!«

Und es gab anderes Wetter, es gab Tauwetter. Das Tauwetter nahm zu, der Schneemann nahm ab. Er sagte nichts, er klagte nicht. Eines Morgens brach er zusammen. Es ragte so etwas wie ein Besenstiel in die Luft, dort, wo er gestanden hatte. Um den Stiel herum hatten die Knaben ihn aufgebaut. »Nun verstehe ich seine Sehnsucht«, sagte der Kettenhund. »Er hatte einen Feuerhaken im Leibe!«

Und bald war der Winter überstanden. Und niemand dachte mehr an den Schneemann.

8. Dezember

Jacob und Wilhelm Grimm

Frau Holle

Eine Witwe hatte zwei Töchter, die eine war schön und fleißig, die andere hässlich und faul. Sie liebte aber die hässliche und faule viel mehr, weil sie ihre eigene Tochter, die andere musste alle Arbeit tun und das Aschenputtel im Hause sein. Das arme Mädchen musste sich täglich an einen Brunnen setzen und so viel spinnen, dass ihm die Finger bluteten. So kam es, dass die Spule einmal ganz blutig war. Da bückte es sich damit in den Brunnen und wollte sie abwaschen. Doch sie sprang ihm aus der Hand und fiel hinab. Es weinte, lief zur Stiefmutter und erzählte ihr das Unglück. Diese schalt sie so heftig und war so unbarmherzig, dass sie verlangte: »Wenn du die Spule hinunterfallen lassen hast, dann hol sie auch wieder herauf.«

Das Mädchen kehrte zu dem Brunnen zurück und wusste nicht, was es anfangen sollte. In seiner Herzensangst sprang es in den Brunnen hinein, um die Spule zu holen. Es verlor die

Besinnung. Als es erwachte und wieder zu sich kam, lag es auf einer schönen Wiese, wo die Sonne schien und viele tausend Blumen standen.

Über diese Wiese ging es und kam zu einem Backofen voller Brot. Das Brot rief: »Ach, zieh mich raus, zieh mich raus, sonst verbrenn ich. Ich bin schon längst ausgebacken.« Da trat es an den Ofen und holte mit dem Brotschieber alle Brote nacheinander heraus. Danach ging es weiter und kam zu einem
Baum, der voller Äpfel hing und dem Mädchen zurief: »Ach, schüttel mich, schüttel mich. Wir Äpfel sind alle miteinander reif.«

Da schüttelte es den Baum, sodass die Äpfel fielen, als regneten sie. Es schüttelte, bis keiner mehr oben war. Als es alle zu einem Haufen zusammengelegt hatte, ging es wieder weiter. Endlich kam es zu einem kleinen Haus, daraus sah eine alte Frau zum Fenster hinaus, weil sie aber so große Zähne hatte, bekam das Mädchen Angst und wollte fortlaufen. Die alte Frau aber rief ihm nach: »Was fürchtest du dich, liebes Kind? Bleib bei mir. Wenn du alle Arbeit im Hause ordent-

lich tun willst, so soll es dir gut gehen. Du musst nur achtgeben, dass du mein Bett gut machst und es fleißig aufschüttelst, dass die Federn fliegen. Dann schneit es in der Welt, ich bin die Frau Holle.«

Weil die Alte ihm so gut zusprach, fasste sich das Mädchen ein Herz, willigte ein und trat in ihren Dienst. Es besorgte alles nach ihrer Zufriedenheit und schüttelte ihr das Bett immer gewaltig auf, sodass die Federn wie Schneeflocken umherflogen. Dafür hatte es auch ein gutes Leben bei ihr, kein böses Wort und alle Tage Gekochtes und Gebratenes. Aber nachdem es eine Zeit lang bei Frau Holle war, wurde es traurig und wusste

anfangs selbst nicht, was ihm fehlte, endlich merkte es, dass es Heimweh war. Obwohl es ihm hier viel besser ging als zu Haus, hatte es doch Sehnsucht danach.

Endlich sagte es zu Frau Holle: »Ich habe ein schweres Los zu Hause. Aber auch wenn es mir hier unten noch so gut geht, so kann ich doch nicht länger bleiben. Ich muss wieder hinauf zu den Meinen.«

»Es gefällt mir, dass du wieder nach Haus willst. Und weil du mir so treu gedient hast, will ich dich selbst wieder hinaufbringen«, erwiderte Frau Holle. Sie nahm das Mädchen bei der Hand und führte es vor ein großes Tor. Frau Holle öffnete das Tor, und wie das Mädchen darunter stand, fiel ein gewaltiger Goldregen auf es herab. Alles Gold blieb an ihm hängen, sodass es über und über davon bedeckt war. »Das sollst du haben, weil du so fleißig warst«, sprach Frau Holle und gab ihm auch die Spule wieder, die ihm in den Brunnen gefallen war. Darauf schloss sie das Tor und das Mädchen war wieder oben auf der Welt, nicht weit vom Haus seiner Mutter entfernt.

Als es in den Hof kam, saß der Hahn auf dem Brunnen und rief:

»Kikeriki, unsere goldene Jungfrau ist wieder hie.«

Es ging hinein zu seiner Mutter, und weil es mit Gold bedeckt ankam, wurde es von ihr und der Schwester freundlich aufgenommen.

Das Mädchen erzählte alles, was ihm begegnet war. Als die Mutter hörte, wie es zu dem großen Reichtum gekommen war,

wollte sie der anderen, hässlichen und faulen Tochter gerne dasselbe Glück verschaffen. Auch sie musste sich an den Brunnen setzen und spinnen. Damit ihre Spule blutig ward, stach sie sich in die Finger. Dann warf sie die Spule in den Brunnen und sprang selbst hinein. Sie kam, wie die Schwester, auf die schöne Wiese und ging auf demselben Pfad weiter.

Als sie zu dem Backofen gelangte, schrie das Brot wieder: »Ach, zieh mich raus, zieh mich raus, sonst verbrenn ich. Ich bin schon längst ausgebacken.« Die Faule aber antwortete: »Als hätte ich Lust, mich schmutzig zu machen«, und ging fort.

Bald kam sie zu dem Apfelbaum, der rief: »Ach, schüttel mich, schüttel mich. Wir Äpfel sind alle miteinander reif.« Da sagte sie: »Es könnte mir einer auf den Kopf fallen«, und ging abermals weiter. Als sie vor Frau Holles Haus kam, fürchtete sie sich nicht, da sie schon von ihren großen Zähnen gehört hatte, und bot ihr gleich ihre Dienste an. Am ersten Tag riss sie sich zusammen, war fleißig und folgte Frau Holle, wenn

sie ihr etwas sagte, denn sie dachte an das viele Gold, das sie ihr schenken würde. Aber bereits am zweiten Tag fing sie an zu faulenzen, am dritten noch mehr, da wollte sie morgens gar nicht aufstehen. Sie machte auch Frau Holles Bett nicht, wie es sich gebührte, und schüttelte es nicht, dass die Federn aufflogen.

Das war Frau Holle bald müde und kündigte ihr den Dienst. Die Faule war damit zufrieden und meinte, nun würde der Goldregen kommen. Frau Holle führte sie auch tatsächlich ebenfalls zu dem Tor, als sie aber darunter stand, wurde statt des Goldes ein großer Kessel voller Pech ausgeschüttet. »Das ist zur Belohnung deiner Dienste«, sagte sie und schloss das Tor zu. So kam die Faule heim, war aber ganz mit Pech bedeckt.

Der Hahn auf dem Brunnen rief, als er sie sah:

»Kikeriki, unsere schmutzige Jungfrau ist wieder hie.«

Das Pech aber blieb fest an ihr hängen, solange sie lebte.

9. Dezember

Sophie Reinheimer
Eisblumen

Nun war draußen nirgends mehr eine bunte Blume zu sehen, die Beete im Garten waren mit Tannenzweigen zugedeckt, die Rosenstöcke hatten eine warme Strohkapuze über den Kopf bekommen und auch die Blumenstöcke vorm Fenster waren verwelkt und man hatte sie fortgenommen.

»Schade«, sagte das Sofa, das behaglich hinter dem großen Esstisch in der Stube stand und gerade auf das Fenster sehen konnte. »Es war so hübsch, wenn die Blumen uns zunickten und uns erzählten, was draußen auf der Straße vor sich ging.«

Die anderen Möbel fanden das auch. Der Tisch meinte zwar, man solle nicht klagen, denn jetzt fange die gemütliche Zeit für die Stube an. Im Sommer liefen die Menschen alle fort – hinaus in Garten, Wald und Feld. Im Winter aber blieben sie zu Hause zusammen, erzählten sich etwas oder lasen sich etwas vor. So hörten sie – die Möbel – doch eigentlich noch mehr als von den Blumen.

Das war wahr. Aber schöner hatte die Stube doch mit den Blumen ausgesehen, das war sicher.

✳

Aber hört, was für eine große Überraschung die Möbel ein paar Wochen später eines Morgens erleben durften.

Es war bitterkalt draußen. Auch in der Stube war es in der Nacht so kalt geworden, dass die Möbel die Betten im Schlafzimmmer beneideten, die sich mit warmen Federkissen zudecken durften.

Da – als der Schrank eben aus dem Schlaf erwachte, tat er vor Verwunderung einen lauten Knacks.

Die anderen Möbel wachten davon auf – und was sahen sie? Das ganze Fenster war von oben bis unten mit einer schneeweißen, glitzernden Eiskruste bedeckt. Es war kein gewöhnliches, glattes Eis. Nein, sonderbare Gebilde waren darauf zu sehen, wie Blumen, Blätter und Stiele, nur ganz durcheinander und mitunter schwer zu erkennen.

»Was ist das nur?«, flüsterte das Sofa. Es war ganz benommen von der weißen Glitzerherrlichkeit. »War der Glaser vielleicht heute Nacht da und hat heimlich andere Scheiben eingesetzt?«

»Vielleicht ist es so ähnlich wie im Häuschen der Hänsel-und-Gretel-Hexe«, meinte der Spiegelschrank. »Die Hexe wird die Scheiben in Zucker verwandelt haben.«

Bei dem Wort »Zucker« machte sich die kleine schwarze Fliege, die auch mit in der Stube wohnte, schleunigst auf den Weg. Aber sie kam schon bald enttäuscht zurückgeflogen. »Nein, es ist kein Zucker«, sagte sie. »Es schmeckt nicht süß! Aber so rau wie Zucker ist es, das ist wahr.«

»Ich glaube, dass es Blumen sind«, sagte das Gießkännchen. Das Ofenrohr erwiderte zwar: »Ach, schwätzen Sie doch kein

Blech!« Aber alle anderen in der Stube gaben dem kleinen Gießkännchen recht.

Wer hatte diese seltsamen schneeweißen Blumen bloß ans Fenster gezaubert? Die Möbel hätten es gar zu gerne gewusst! Aber das Fenster – das einzige, was darüber hätte Auskunft geben können – war starr und stumm. Die Möbel wussten nicht, ob der Grund dafür Entzücken war oder jemand es mit den weißen Blumen gleich mit verzaubert hatte.

Horch! Da klang plötzlich von der Straße her ein Lied:

»Der Winter hat heut über Nacht
viel Blumen mitgebracht.
Eisblumen sind's, Eisblumen sind's -
habt ihr's euch nicht gedacht?
'ne ganze Ladung kam heut früh
direkt vom Nordpol an,
Ganz frisch gepflückt, ganz frisch gepflückt,
wie man gleich sehen kann.

Der Winter streut im Sonnenschein
vor jedes Fenster sie.
Ooooh, wundern sich die Leute da
und staunen Hui hihi.«

»Das war der Nordwind«, verkündete der Ofen. »Ich erkenne ihn an der Stimme.«

Die Möbel in der Stube waren verstummt. Eisblumen – also Eisblumen waren das? Und der Winter hatte sie mitgebracht? Natürlich, der Winter konnte ja nur weiße Blumen schenken. Wie wunderbar war das! Eisblumen, ob die wohl auf Eisbergen oder Eisfeldern gewachsen waren? Oder ob der Winter einen großen Garten mit solchen Blumen hatte?

Es war doch schön von ihm, dass er die Blumen so heimlich ans Fenster gestreut hatte. Er wollte sicher zeigen, dass er auch schöne Blumen hatte, nicht nur der Sommer! Und nun war das Fenster nicht mehr so kahl.

»Sie nicken uns nicht zu wie die Sommerblumen«, meinte allerdings das Sofa.

»Sie winken auch nicht mit ihren Blätterärmchen. Und sie duften weder noch erzählen sie uns schöne Geschichten«, ergänzten die Stühle eifrig.

Nun kam ein Sonnenstrahl ans Fenster und verwandelte das Silber auf einmal in Gold. Das blinkte und glitzerte, funkelte und leuchtete. Es war wie in einem Märchen, einem Wintermärchen, wie ein Blumengruß aus einer fremden Welt, aus der Eiswelt!

»Ticktack, ticktack, ticktack«, macht die große Uhr an der Wand. Ihr war die Stille in der Stube ein bisschen ungemütlich, sie war mehr für Leben und Bewegung. Auch der Schrank tat noch einmal einen kleinen Knacks und sagte: »Wenn wir nur etwas tun können, damit diese weißen Blumen sich auch mal bewegen.«

»Ich will sie ein wenig begießen«, erklärte das Gießkännchen. »Das wird wohl nichts nützen«, erwiderte der Ofen. »Aber wenn wir jetzt ein Feuerchen anstecken, so ein prasselndes, warmes Feuerchen. Ihr sollt mal sehn, wie die weißen Blätter und Blüten dann auftauen und anfangen sich zu bewegen. Sie sind nur so steif gefroren vor Kälte.« Und als ob der Ofen sie gerufen hätte, kam in diesem Augenblick das Mädchen Lina in die Stube. Sie hatte Papier und Holz in der Hand und machte damit ein Feuer an.

Jetzt fiel den Möbeln wieder ein, wie sehr sie in der Nacht gefroren hatten. Durch die Überraschung mit den weißen Winterblumen hatten sie das ganz vergessen.

In der Stube wurde es bald wärmer und wärmer. Neugierig sahen alle zum Fenster hin.

Aber – du lieber Himmel – was war denn das? Von den Eisblumen waren die obersten auf einmal verschwunden!

Wo waren sie geblieben?

Die Möbel sahen sich erschrocken an.

Was war das nur? Immer mehr von den herrlichen weißen Blumen verschwanden! Da guckten schon wieder die alten durchsichtigen Glasscheiben hervor.

Es war wie ein Zauber: Langsam – man wusste nicht, wie, man wusste nicht, wohin – zergingen sie, zerflossen, schwan-

den dahin. Nichts blieb von ihnen übrig als ein paar Wassertröpfchen – und die bewegten sich nun! Langsam wie Tränen flossen sie an den Fensterscheiben herunter!

»Das Fenster weint«, sagte das Sofa.

Aber genau in diesem Moment erklang draußen auf der Straße wieder eine bekannte Stimme. Der Nordwind kam durch das Ofenrohr in den Ofen herein. Huuu – wie er pfiff! Und hihihi – wie er lachte!

»Nein, wie kann man nur so dumm sein!«, sagte er zu dem Ofen. »Da schenkt euch der Winter seine schönsten Blumen! Und was tut ihr? Macht Feuer an, um die Blumen zu wärmen. Eisblumen, die in bitterer Winterkälte gewachsen sind! Es ist zum Lachen. Aber was wissen Sofa, Tisch und Ofen auch vom Winter draußen?«

Da wurden die Möbel in der Stube alle traurig – und ärgerlich wurden sie auch. »Der Ofen! Der Ofen ist schuld daran!«, riefen sie.

»Ich weiß, ich weiß«, sagte der Nordwind. »Er hat es ja auch gut gemeint, aber es kann eben nicht jeder seine Wärme vertragen.«

Der arme Ofen stand betrübt in seiner Ecke, er glühte ganz rot vor Scham. Nun hatte er die schönen weißen Blumen zerstört, den Fensterschmuck, über den die ganze Stube sich so gefreut hatte. Wie tat ihm das leid!

»Kannst du den Winter nicht bitten, dass er uns wieder neue Eisblumen schickt?«, fragte er den Nordwind.

»Bitten will ich ihn schon«, versprach der Nordwind. »Aber ob er es tut, der alte Herr? Muss schon bei besonders guter Laune sein – hihi! Na, wir wollen es hoffen.«

»Ja, und mit der Hoffnung, ticktack, wollen wir uns, ticktack, zufrieden geben«, sagte die Wanduhr.

10. Dezember

Jacob und Wilhelm Grimm
Sterntaler

Es war einmal ein kleines Mädchen, dessen Vater und Mutter gestorben waren und das so arm war, dass es kein Zimmer hatte, um darin zu wohnen, und kein Bett, um darin zu schlafen. Es hatte gar nichts mehr außer seinen Kleidern auf dem Leib und einem Stückchen Brot in der Hand, das ihm eine mitleidige Seele geschenkt hatte. Das Mädchen war aber gut und unschuldig. Und weil es so von aller Welt verlassen war, ging es im Vertrauen auf den lieben Gott hinaus ins Feld.

Da begegnete ihm ein armer Mann, der sprach: »Bitte gib mir etwas zu essen, ich bin so hungrig.« Da reichte ihm das Mädchen sein ganzes Stückchen Brot, sagte: »Gott segne es dir«, und ging weiter. Da kam ein Kind, das jammerte und sprach:

»Es friert mich so am Kopf. Bitte schenk mir etwas, womit ich ihn bedecken kann.« Da nahm das Mädchen seine Mütze ab und gab sie ihm. Und als es noch eine Weile gegangen war, kam wieder ein Kind und hatte kein Leibchen an und fror. Da gab es ihm seins. Noch etwas weiter bat ein Kind um einen

Rock und auch den gab das Mädchen her. Endlich gelangte es in einen Wald. Es war schon dunkel geworden, da kam noch ein Kind und bat um ein Hemdlein. Das fromme Mädchen dachte: »Es ist dunkle Nacht, da sieht dich niemand. Du kannst wohl dein Hemd weggeben.« Es zog das Hemd aus und gab es auch noch weg.

Und wie es so dastand und gar nichts mehr hatte, fielen auf einmal die Sterne vom Himmel herab. Es waren lauter blanke Taler; und obwohl es sein Hemd weggegeben hatte, hatte es auf einmal ein neues an, das aus allerfeinstem Leinen war. Da sammelte es die Taler hinein und war reich für sein ganzes Leben.

11. Dezember

Uwe Prieser

Stille Nacht

Heiligabend vor fast 200 Jahren ging der junge Priester Joseph Mohr zur Kirche seines kleinen Ortes Oberndorf bei der Stadt Salzburg. Es war noch früh am Morgen. Er wollte die Christmesse vorbereiten, die er am Abend in der Kirche halten würde.

Als er die Kirche betrat und die Orgel sah, bekam er einen furchtbaren Schreck. Vor lauter Weihnachtsfreude hatte er gar nicht mehr daran gedacht, dass die Orgel kaputt war. Eine Christmesse ohne Musik? Das durfte nicht sein! Verzweifelt saß er auf der Kirchenbank. Wer könnte ihm helfen?

In dem nur vier Kilometer entfernten Nachbarort Arnsdorf war sein Freund Franz Xaver Gruber Schullehrer. Er kannte die Orgel sehr gut, denn um sein kleines Gehalt aufzubessern, hatte er in Oberndorf das Amt des Organisten übernommen.

Die beiden jungen Männer waren in armen Familien aufgewachsen und beide liebten die Musik. Wann immer ihre Zeit es erlaubte, sangen sie miteinander. Denn sie sangen gern und hatten schöne Stimmen.

*

Auf einmal hatte Joseph Mohr eine Idee: Wenn die Orgel nicht spielt, singen wir beide heute Abend eben zusammen ein Weih-

nachtslied. Das Lied sollte so schön sein, dass niemand das Orgelspiel vermissen würde.

Schnell lief er nach Hause und schickte jemanden ins Nachbardorf, um seinen Freund herbeizuholen.

Danach suchte er in seinem Schreibtisch nach einem Gedicht. Er hatte nämlich vor zwei Jahren, als er noch Priester im Gebirge war, ein Gedicht geschrieben. Es handelte von der Geburt Jesu, vom Frieden auf Erden und einer besseren Welt. Damals hatte es viele Kriege gegeben. Die Menschen hatten Sorgen und Ängste, was die Zukunft ihnen bringen würde.

Er konnte sein Gedicht nicht mehr auswendig, aber er wusste, dass er es sehr schön gefunden hatte. Eine Zeile darin lautete: *Da uns schlägt die rettende Stund*, und eine andere: *Christ der Retter ist da*. Und jetzt fiel ihm auch der Anfang wieder ein: »Stille Nacht, heilige Nacht ...«

Es klopfte an der Tür. Sein Freund war gekommen. Joseph Mohr zeigte ihm das Gedicht und fragte: »Kannst du dazu eine Melodie erfinden? Dann können wir es heute Abend bei der Christmesse zusammen als Lied singen. Du weißt ja, dass die Orgel kaputt ist.«

Franz Xaver Gruber begann zu lesen. Schließlich war er bei der letzten Zeile angekommen: »Christ in Deiner Geburt.« Und auf einmal wusste er, wie er das Lied komponieren würde: als Wiegenlied.

Heiligabend sangen die Freunde gemeinsam, unterstützt vom Chor, vor dem Hauptaltar der St.-Nikolaus-Kirche das Weih-

nachtslied »Stille Nacht, heilige Nacht«. Joseph Mohr hatte eine hohe Stimme und sang Tenor und sein Freund sang im tiefen Bass.

Weil die Orgel ihren Gesang nicht begleiten konnte, hatte sich Franz Xaver Gruber eine Begleitmelodie für Gitarre ausgedacht, denn Joseph Mohr konnte gut Gitarre spielen.

Alle Menschen im Gottesdienst waren von dem Lied tief bewegt: Die Worte und die Melodie drückten ihre Sehnsüchte und Wünsche aus. Als sie das Lied hörten, fühlten sie sich plötzlich frei von ihren Ängsten vor der Zukunft.

Der Ort Oberndorf lag so abgeschieden, dass niemand sonst im Land von dem Lied erfuhr. Eines Tages aber kam ein Orgelbaumeister von weit her, um die Orgel zu reparieren. Dabei erfuhr er von dem Lied. Er fand es so schön, dass er es zu Hause gleich weitererzählte.

Wer das Lied hörte, liebte es und erzählte es abermals weiter. Und so wurde es berühmt. Heute wird es an Heiligabend und zur Weihnachtszeit in über 300 Sprachen überall auf der Welt gesungen.

12. Dezember

Jacob und Wilhelm Grimm

Die Wichtelmänner

Es war einmal Schuster, der ohne eigene Schuld so arm geworden war, dass ihm nichts übrig blieb als Leder für ein einziges Paar Schuhe. Nun schnitt er am Abend die Schuhe zu, die er am nächsten Morgen schustern wollte. Weil er ein gutes Gewissen hatte, legte er sich ruhig zu Bett und schlief ein. Morgens, als er sich zur Arbeit niedersetzen wollte, standen die beiden Schuhe fertig auf seinem Tisch. Er wunderte sich und wusste nicht, was er dazu sagen sollte. Er nahm die Schuhe in die Hand, um sie näher zu betrachten. Sie waren so sauber gearbeitet, dass kein Stich daran falsch war, gerade als ob sie ein Meisterstück sein sollten. Bald darauf trat auch schon ein Käufer ein. Da diesem die Schuhe so gut gefielen, bezahlte er mehr als gewöhnlich dafür. Der Schuster bekam von dem Geld Leder für zwei Paar Schuhe. Er schnitt sie abends zu und wollte am nächsten Morgen mit frischem Mut an die Arbeit gehen. Aber

das brauchte er nicht, denn als er aufstand, waren sie wiederum fertig und auch die Käufer blieben nicht aus. Sie gaben ihm so viel Geld, dass er Leder für vier Paar Schuhe einkaufen konnte. Und abermals fand er frühmorgens die vier Paar fertig. So ging's immer fort: Was er abends zuschnitt, war am Morgen verarbeitet. So kam es, dass er bald wieder sein ehrliches Auskommen hatte und endlich ein wohlhabender Mann wurde. Nun sagte der Schuster eines Abends, nicht lange vor Weihnachten, nachdem er wieder zugeschnitten hatte, vor dem Schlafengehen zu seiner Frau: »Wie wäre es, wenn wir diese Nacht aufblieben, um zu sehen, wer uns so hilfreich zur Hand geht?«

Die Frau war einverstanden und steckte ein Licht an. Die beiden verbargen sich in den Stubenecken hinter den Kleidern, die dort hingen, und gaben acht. Um Mitternacht kamen zwei kleine Männlein, setzten sich vor des Schusters Tisch, nahmen alle zugeschnittene Arbeit und fingen an, so flink und schnell zu stechen, zu nähen, zu klopfen, dass der Schuster vor Verwunderung die Augen nicht abwenden konnte. Sie ließen nicht nach, bis alles zu Ende gebracht war und fertig auf dem Tisch stand. Dann sprangen sie schnell fort.

Am nächsten Morgen sagte die Frau: »Die kleinen Männer haben uns reich gemacht, wir müssten uns doch dankbar dafür zeigen. Sie laufen nackt herum, haben nichts am Leib und müssen frieren. Weißt du was? Ich will Hemdlein, Weste, Jacke und Höslein für sie nähen und auch jedem ein Paar Strümpfe stricken. Mach du jedem ein Paar Schühlein dazu.« Der Mann nickte einverstanden zu ihrem Vorschlag. Abends, als sie alles fertig hatten, legten sie die Geschenke statt der zugeschnittenen Arbeit auf den Tisch und versteckten sich wieder, um mit anzusehen, was die Männlein dazu sagen würden.

Um Mitternacht kamen sie herangesprungen und wollten sich gleich an die Arbeit machen. Als sie aber kein zugeschnittenes Leder, sondern die Kleidungsstücke fanden, wunderten sie sich erst, zeigten dann aber eine gewaltige Freude. In Windeseile zogen sie sich an, strichen über die Kleider und sangen:

»Sind wir nicht Knaben glatt und fein?
Was sollen wir länger Schuster sein!«

Dann hüpften und tanzten sie, sprangen über Stühle und Bänke und tanzten schließlich zur Tür hinaus. Von da an kamen sie nicht wieder, dem Schuster aber ging es gut, solang er lebte, und es glückte ihm alles, was er unternahm.

13. Dezember

Paula Dehmel

Weihnachten in der Speisekammer

Unter der Türschwelle war ein kleines Loch. Dahinter saß die Maus Kiek und wartete.

Sie wartete, bis der Hausherr die Stiefel aus- und die Uhr aufgezogen hatte. Sie wartete, bis die Mutter ihr Schlüsselkörbchen auf den Nachttisch gestellt und die schlafenden Kinder noch einmal zugedeckt hatte. Sie wartete auch noch, als alles dunkel war und tiefe Stille im Hause herrschte. Dann erst machte sie sich auf den Weg.

Bald wurde es in der Speisekammer lebendig. Kiek hatte die ganz Mäusefamilie benachrichtigt. Da kam Miek, die Mäusemutter mit ihren fünf Kleinen, und auch Onkel Grisegrau und Tante Fellchen gesellten sich zu ihnen.

»Hier ist etwas Weiches, Süßes«, sagte Kiek leise vom obersten Brett zu Miek. »Das ist etwas für die Kinder«, und er teilte von dem Mohnauflauf aus.

»Komm hierher, Grisegrau«, piepste Fellchen und lugte hinter der Mehltonne hervor. »Hier gibt es Gänsebraten, vorzüglich, sag ich dir. Wie Nuss knuspert er sich.«

Grisegrau aber saß in der Kiste in der Ecke, knabberte am Pfefferkuchen und ließ sich nicht stören. Die Mäusekinder bekamen Mohnauflauf.

»Papa«, sagte das größte, »meine Zähne sind schon scharf genug, ich möchte lieber knabbern. Knabbern hört sich so hübsch an.«

»Wir wollen auch lieber knabbern«, riefen alle Mäusekinder, »Mohnauflauf ist uns zu matschig.« Kurz darauf hörte man sie am Gänsebraten und am Pfefferkuchen.

»Verderbt euch nicht den Magen«, rief Fellchen, die Angst hatte, selbst nicht genug zu kriegen, »mit einem verdorbenen Magen geht es euch schlecht.«

Die kleinen Mäuse sahen ihre Tante erschrocken an. Vater Kiek beruhigte sie und erzählte ihnen von Gottlieb und Lenchen, die drinnen in ihren Betten lagen und ein hölzernes Pferdchen und eine Puppe im Arm hielten. Er erzählte, dass in der großen Stube ein mächtiger Baum mit Lichtern und buntem Flimmer stand und dass es in der ganzen Wohnung herrlich nach frischem Kuchen roch, der aber im Glasschrank stand, und sie nicht an ihn herankamen.

»Ach«, rief Fellchen, »erzähle nicht so viel, lass die Kinder lieber essen.«

Die aber lachten die Tante mit dem dicken Bauch aus und wollten noch viel mehr wissen – mehr als der gute Kiek selbst wusste. Zuletzt bestanden sie darauf, auch einen Weihnachtsbaum zu haben. Da liefen die Mäuseeltern in die Küche und holten einen Ast herbei, der vom großen Tannenbaum abgeschnitten worden war. Das gab einen Riesenspaß. Die Mäusekinder quiekten vor Entzücken und fingen an an dem grünen Tannenholz zu knabbern. Das schmeckte aber nicht, so ließen sie es sein und kletterten lieber in dem Ast umher. Zuletzt machten sie die ganze Speisekammer zu ihrem Spielplatz. Sie

huschten hierhin und dorthin, machten Männchen, lugten neugierig über die Bretter in alle Winkel hinein und spielten Versteck hinter den Gemüsedosen und Einmachtöpfen. Als aber das kleinste ins Pflaumenmus fiel und von Mama Miek und Onkel Grisegrau abgeleckt werden musste, wurde ihnen das Umhertollen verboten und sie knabberten wieder am Pfefferkuchen.

Am nächsten Morgen fand die alte Köchin kopfschüttelnd den Tannenzweig in der Speisekammer und viele Krümel und noch etwas, was nicht gerade in die Speisekammer gehörte. Könnt ihr euch denken, was es war?

Als Gottlieb und Lenchen in die Küche kamen, um Marie Guten Morgen zu wünschen, zeigte sie ihnen die Bescherung und meinte: »Die haben tüchtig Weihnachten gefeiert.«

Die Kinder tuschelten und lachten und holten einen Blumentopf. Sie pflanzten den Ast hinein und schmückten ihn mit Zuckerwerk, Nüssen, Honigkuchen und Speckstückchen. Marie brummte zwar, aber da die Mutter den Kindern lachend zusah, musste sie klein beigeben. Marie brachte alle anderen Vorräte

in Sicherheit und ließ den kleinen Naschtieren nur ihren Weihnachtsbaum.

Die Kinder jubelten, als sie am zweiten Feiertag den Mäusebaum geplündert vorfanden, und hätten gar zu gern auch ein Dankeschön von dem kleinen Volke gehört.

»Den guten Speck vergesse ich mein Lebtag nicht«, seufzte Fellchen glücklich, während Grisegrau eine mitgebrachte Haselnuss entzweibiss.

Kiek und Miek aber waren besorgt um ihre Kleinen, die hatten zu viel Pfefferkuchen gegessen und ihr wisst, liebe Kinder, das tut nicht gut!

14. Dezember

Hans Christian Andersen
Das Mädchen mit den Schwefelhölzern

Es war entsetzlich kalt, es schneite und der Abend dunkelte bereits. Es war der letzte Abend im Jahr, der Silvesterabend.

In dieser Kälte und Finsternis ging auf der Straße ein kleines armes Mädchen, ohne Mütze und barfuß. Es hatte zwar Pantoffeln angehabt, als es von zu Hause fortgegangen war, aber was konnten die helfen! Es waren sehr große Pantoffeln, sie hatten früher seiner Mutter gehört. So groß waren sie, dass die Kleine sie verloren hatte, als sie über die Straße rannte, während zwei Wagen in rasender Eile vorüberjagten.

Ein Pantoffel war nicht wieder aufzufinden gewesen und mit dem anderen hatte sich ein Knabe aus dem Staub gemacht.

Da ging nun das kleine Mädchen auf den nackten zierlichen Füßchen, die vor Kälte ganz rot und blau waren. In ihrer alten Schürze trug sie eine Menge Schwefelhölzer und ein Bund hielt sie in der Hand. Den ganzen Tag über hatte ihr niemand etwas abgekauft, niemand ihr ein Almosen gereicht. Hungrig und verfroren schleppte sich die arme Kleine weiter. Die Schneeflocken fielen auf ihr langes blondes Haar, das gelockt über ihren Nacken hinabfloss. Aus allen Fenstern strahlte heller Lichterglanz und über alle Straßen verbreitete sich der Geruch von köstlichem Gänsebraten. Es war ja Silvesterabend, und dieser Gedanke erfüllte alle Sinne des kleinen Mädchens.

In einem Winkel zwischen zwei Häusern kauerte sie sich nieder. Ihre kleinen Beinchen hatte sie unter sich gezogen, aber sie fror nur noch mehr. Doch sie wagte nicht nach Hause zu gehen, da es noch keine Streichhölzer verkauft, noch keinen Heller erhalten hatte. Sie würde vom Vater Ärger bekommen und kalt war es zu Hause ja auch. Sie hatten nur das bloße Dach über sich und der Wind pfiff schneidend hinein, obwohl Stroh und Lumpen in die größten Ritzen gestopft waren. Ach, wie gut musste ein Schwefelhölzchen tun!

Wenn sie nur wagen dürfte, eins aus dem Schächtelchen herauszunehmen, es gegen die Wand zu streichen und die Finger daran zu wärmen! Endlich zog das Kind eins heraus. Ritsch, wie es sprühte, wie es brannte. Das Schwefelholz strahlte eine warme helle Flamme aus, wie ein kleines Licht, als sie ihre Hand darum hielt. Es war ein merkwürdiges Licht. Denn es kam dem kleinen Mädchen vor, als säße sie vor einem großen eisernen Ofen mit Messingbeschlägen und Messingverzierungen.

Das Feuer brannte so schön und wärmte so wohltuend! Die Kleine streckte schon die Füße aus, um auch diese zu wärmen, da erlosch die Flamme. Der Ofen verschwand – sie saß mit dem ausgebrannten Schwefelholz in der Hand da.

Das Mädchen strich ein neues an. Es brannte, es leuchtete und an der Stelle der Mauer, auf die der Schein fiel, wurde sie durchsichtig. Die Kleine sah gerade in die Stube hinein, wo der Tisch mit einem blendend weißen Tischtuch und feinem Porzellan gedeckt stand, und köstlich dampfte die mit Pflaumen und Äpfeln gefüllte, gebratene Gans darauf. Und was noch herrlicher war: Die Gans sprang aus der Schüssel und watschelte mit Gabel und Messer im Rücken über den Fußboden. Da erlosch das Schwefelholz und nur die dicke kalte Mauer war zu sehen.

Die Kleine zündete ein neues an. Da saß sie unter dem herrlichsten Weihnachtsbaum. Er war noch größer und reicher geschmückt als der, den sie am Heiligabend bei einem reichen Kaufmann durch die Glastür gesehen hatte. Tausende von Lichtern brannten auf den grünen Zweigen und bunte Bilder wie die, die in den Ladenfenstern ausgestellt waren, schauten auf sie hernieder. Die Kleine streckte beide Hände nach ihnen in die Höhe, da erlosch das Schwefelholz. Die vielen Weihnachtslichter stiegen höher und höher und sie sah erst jetzt, dass es die hellen Sterne waren. Einer von ihnen fiel herab und zog einen langen Feuerstreifen über den Himmel.

※

»Jetzt stirbt jemand!«, sagte die Kleine. Denn die alte Großmutter, der einzige Mensch, der sie freundlich behandelt hatte, aber längst tot war, hatte gesagt: »Wenn ein Stern fällt, steigt eine Seele zu Gott empor!«

Wieder strich sie ein Schwefelholz gegen die Mauer. Es warf einen weiten Lichtschein ringsumher und im Glanze desselben stand die alte Großmutter hell beleuchtet mild und freundlich da.

»Großmutter!«, rief die Kleine. »Nimm mich mit dir! Ich weiß, dass du verschwindest, sobald das Schwefelholz ausgeht. Verschwindest wie der warme Kachelofen, der köstliche Gänsebraten und der große flimmernde Weihnachtsbaum!« Schnell strich sie den ganzen Rest der Schwefelhölzer an, die noch im Schächtelchen waren. Sie wollte die Großmutter festhalten. Die Schwefelhölzer verbreiteten einen solchen Glanz, dass es heller war als am lichten Tag. So schön, so groß war die Großmutter nie gewesen. Sie nahm das kleine Mädchen auf ihren Arm und hoch schwebten sie empor in Glanz und Freude. Kälte, Hunger und Angst wichen von ihr.

※

Aber im Winkel am Hause saß in der kalten Morgenstunde das kleine Mädchen mit roten Wangen und einem Lächeln um den Mund – erfroren am letzten Tag des alten Jahres. Der Morgen des neuen Jahres ging über dem Mädchen auf, die mit den Schwefelhölzern dasaß, von denen fast ein Schächtelchen verbrannt war. »Sie hat sich wärmen wollen!«, sagte man. Niemand wusste, was sie Schönes gesehen hatte, in welchem Glanz sie mit der alten Großmutter in die Neujahrsfreude eingegangen war.

15. Dezember

Charles Dickens
Die Apfelsine des Waisenknaben

Schon als kleiner Junge hatte ich meine Eltern verloren und kam in ein Waisenhaus in der Nähe von London. Wir mussten vierzehn Stunden täglich arbeiten – im Garten, in der Küche, im Stall, auf dem Feld. Kein Tag brachte eine Abwechslung und im ganzen Jahr gab es für uns nur einen einzigen Ruhetag. Das war der Weihnachtstag. Dann bekam jeder Junge eine Apfelsine zum Christfest. Das war alles, keine Süßigkeiten, kein Spielzeug. Aber auch diese eine Apfelsine bekam nur, wer sich im Lauf des Jahres nichts hatte zuschulden kommen lassen und immer folgsam gewesen war. Die Apfelsine zu Weihnachten verkörperte die Sehnsucht eines ganzen Jahres.

Wieder einmal war das Christfest gekommen. Aber es bedeutete für mein Herz fast das Ende der Welt. Während die anderen Jungen am Waisenvater vorbeischritten und jeder seine Apfelsine in Empfang nahm, musste ich in einer Zimmerecke stehen und zusehen. Das war meine Strafe dafür, dass ich an einem Tag im Sommer aus dem Waisenhaus hatte weglaufen wollen.

Als die Geschenkverteilung vorüber war, durften die anderen Jungen im Hof spielen. Ich aber musste in den Schlafraum gehen und dort den ganzen Tag über im Bett liegen bleiben. Ich war tieftraurig und beschämt.

Nach einer Weile hörte ich Schritte im Zimmer. Eine Hand zog die Bettdecke weg, unter der ich mich verkrochen hatte. Ich blickte auf. Ein kleiner Junge namens William stand vor meinem Bett. Er hatte eine Apfelsine in der rechten Hand und hielt sie mir entgegen. Ich wusste nicht, wie mir geschah. Wo sollte eine überzählige Apfelsine hergekommen sein? Ich sah abwechselnd auf William und die Frucht und fühlte dumpf in mir, dass es mit der Apfelsine eine besondere Bewandtnis haben müsse. Auf einmal kam mir zu Bewusstsein, dass die Apfelsine bereits geschält war, und als ich näher hinblickte, wurde mir alles klar. Tränen stiegen in meine Augen, und als ich die Hand ausstreckte, um die Frucht entgegenzunehmen, da wusste ich, dass ich fest zupacken musste, damit sie nicht auseinanderfiel.

Was war geschehen? Zehn Jungen hatten sich im Hof zusammengetan und beschlossen, dass auch ich zu Weihnachten meine Apfelsine bekommen müsse. So hatte jeder die seine geschält und eine Scheibe abgetrennt. Die zehn abgetrennten Scheiben hatten sie sorgfältig zu einer neuen, runden Apfelsine zusammengesetzt. Diese Apfelsine war das schönste Weihnachtsgeschenk in meinem Leben. Sie lehrte mich, wie trostreich echte Verbundenheit sein kann.

16. Dezember

Hans Christian Andersen

Der Tannenbaum

Draußen im Walde stand ein niedlicher kleiner Tannenbaum. Er hatte einen guten Platz, bekam Sonne, Luft war genug da und ringsumher wuchsen viele größere Kameraden, sowohl Tannen als auch Fichten.

Der kleine Tannenbaum wünschte sich sehnlichst größer zu werden. Er beachtete weder die warme Sonne noch die frische Luft, kümmerte sich nicht um die Bauernkinder, die umhergingen und plauderten, wenn sie herausgekommen waren, um Erdbeeren und Himbeeren zu sammeln. Oft kamen sie mit einem ganzen Topf voll oder hatten Erdbeeren auf einen Strohhalm gereiht. Dann setzten sie sich neben den kleinen Tannenbaum und sagten: »Nein! Wie schön klein der ist!«

Das mochte der Baum gar nicht hören.

Im folgenden Jahr war er um ein langes Glied größer und das Jahr darauf um noch eins länger, denn an den Tannenbäumen kann man immer an ihren Gliedern sehen, wie viele Jahre sie gewachsen sind.

»O, wäre ich doch so ein großer Baum wie die andern«, seufzte das kleine Bäumchen, »dann könnte ich meine Zweige weit ausbreiten und mit der Krone in die weite Welt hinausblicken! Die Vögel würden Nester in meinen Zweigen bauen, und wenn der Wind wehte, könnte ich so vornehm nicken wie die anderen dort!«

Er hatte keine Freude am Sonnenschein, an den Vögeln und den roten Wolken, die morgens und abends über ihn hinsegelten.

War es Winter und der Schnee lag funkelnd weiß ringsumher, so kam häufig ein Hase angesprungen und setzte gerade über den kleinen Baum weg. Das war so ärgerlich! Aber im dritten Winter war das Bäumchen so groß, dass der Hase um es herumlaufen musste. »Oh, wachsen, wachsen, groß und alt werden: Das ist doch das einzig Schöne in dieser Welt«, dachte der Baum.

Im Herbst kamen immer Holzfäller

und schlugen einige der größten Bäume. Sie fielen mit Knacken und Krachen zur Erde. Dann wurden sie auf Wagen gelegt und Pferde zogen sie aus dem Wald hinaus. Was stand ihnen bevor?

Im Frühjahr, als die Schwalben und Störche kamen, fragte der Baum sie: »Wisst ihr nicht, wohin sie geführt wurden? Seid ihr ihnen nicht begegnet?«

Die Schwalben wussten nichts, aber der Storch sah nachdenklich aus, nickte und sagte: »Ja, ich glaube wohl! Mir begegneten viele neue Schiffe, als ich aus Ägypten flog. Sie hatten prächtige Mastbäume. Ich nehme an, dass sie es waren. Sie hatten Tannengeruch!«

»Oh, wäre ich doch auch groß genug, um über das Meer fahren zu können!«, seufzte der Tannenbaum.

Wenn es gegen die Weihnachtszeit ging, wurden ganz junge Bäume gefällt. Bäume, die oft nicht einmal so groß oder im gleichen Alter wie der Tannenbaum waren, der weder Ruhe noch Rast kannte, sondern immer davonwollte.

Diese jungen Bäume, es waren die allerschönsten, wurden auf Wagen gelegt und Pferde zogen sie aus dem Wald hinaus.

»Wohin sollen die?«, fragte der Tannenbaum. »Sie sind nicht größer als ich.«

»Das wissen wir! Das wissen wir!«, zwitscherten die Sperlinge. »Unten in der Stadt haben wir in die Fenster gesehen! Wir wissen, wohin sie fahren! Sie gelangen zur größten Pracht und Herrlichkeit, die man sich nur denken kann, und werden mitten in der warmen Stube aufgepflanzt und mit vergoldeten Äpfeln, Honigkuchen, Spielzeug und vielen Hunderten Lichtern geschmückt.«

»Und dann?«, fragte der Tannenbaum und bebte in allen Zweigen. »Was geschieht dann?«

»Mehr haben wir nicht gesehen! Aber das war unvergleichlich.«

»Ob ich wohl auch bestimmt bin, diesen strahlenden Weg zu betreten?«, jubelte der Tannenbaum. »Das ist noch besser, als über das Meer zu ziehen! Wäre es doch Weihnachten!«

Der Baum wuchs und wuchs. Die Leute, die ihn sahen, sagten: »Das ist ein schöner Baum!« Und zur Weihnachtszeit wurde er vor allen zuerst gefällt. Der Baum fiel mit einem Seufzer zu Boden. Er konnte gar nicht an irgendein Glück denken, sondern war betrübt. Er kam erst wieder zu sich, als er einen Mann sagen hörte: »Dieser hier ist prächtig! Wir brauchen nur diesen!«

Nun kamen zwei Diener und trugen den Tannenbaum in einen großen, schönen Saal. Ringsherum an den Wänden hingen Bilder, neben dem großen Kachelofen standen große chinesische Vasen mit Löwen auf den Deckeln. Es gab Schaukelstühle, seidene Sofas, große Tische voller Bilderbücher und Spielzeug. Der Tannenbaum wurde in ein großes, mit Sand gefülltes Fass gestellt, das rund herum mit grünem Zeug behängt wurde und auf einem großen, bunten Teppich stand.

O, wie der Baum bebte! Was wird nun wohl geschehen? Sowohl die Diener als auch die Fräulein schmückten ihn. An einen Zweig hängten sie kleine Netze, ausgeschnitten aus farbigem Papier. Jedes Netz war mit Zuckerwerk gefüllt. Vergoldete Äpfel und Walnüsse hingen herab und über hundert rote, blaue und weiße Lichterchen wurden in den Zweigen festgesteckt. Puppen, die wie Menschen aussahen, schwebten im Grünen und hoch oben auf der Spitze wurde ein Stern aus Flittergold befestigt. Das war prächtig, ganz außerordentlich prächtig.

»Heute Abend«, sagten alle, »heute Abend wird er strahlen!«

»Oh!«, dachte der Baum, »wäre es doch Abend! Würden nur die Lichter bald angezündet! Und was dann wohl geschieht? Ob Bäume aus dem Walde kommen, um mich zu sehen? Ob die Sperlinge gegen die Fensterscheiben fliegen? Ob ich hier festwachse und Winter und Sommer geschmückt sein werde?«

Nun wurden die Lichter angezündet. Welcher Glanz! Welche Pracht! Und nun gingen beide Flügeltüren auf und etliche Kinder stürzten herein, als wollten sie den ganzen Baum umwerfen. Die älteren Leute kamen bedächtig nach. Die Kleinen standen stumm, aber nur einen Augenblick, dann jubelten sie wieder, dass es nur so schallte. Sie tanzten um den Baum herum und ein Geschenk nach dem andern wurde abgepflückt.

»Was machen sie?«, dachte der Baum. »Was wird geschehen?« Die Lichter brannten bis dicht an die Zweige herunter. Nachdem sie niedergebrannt waren, erhielten die Kinder die Erlaubnis, den Baum zu plündern.

Die Kinder tanzten mit ihrem Spielzeug herum. Niemand sah mehr nach dem Baum, ausgenommen das alte Kindermädchen, das kam und zwischen die Zweige blickte, aber nur um zu sehen, ob nicht eine Feige oder ein Apfel vergessen worden war.

*

Am nächsten Morgen kamen der Diener und das Mädchen herein.

»Nun beginnt der Schmuck aufs Neue!«, dachte der Baum. Aber sie schleppten ihn zum Zimmer hinaus, auf den Boden, und hier, in einem dunkeln Winkel, wo kein Tageslicht hinschien, stellten sie ihn ab. »Was soll das bedeuten?«, dachte der Baum. »Was soll ich hier wohl machen?« Er lehnte an der Mauer und dachte und dachte.

Und er hatte Zeit genug, denn es vergingen Tage und Nächte: Niemand kam herauf.

»Jetzt ist es Winter draußen!«, dachte der Baum. »Die Erde ist hart und mit Schnee bedeckt, die Menschen können mich nicht pflanzen, deshalb soll ich wohl bis zum Frühjahr hier in Schutz stehen! Wie wohlbedacht das ist! Wie die Menschen

doch so gut sind! Wäre es hier nur nicht so dunkel und so schrecklich einsam!«

»Piep, piep!«, sagte da eine kleine Maus und huschte hervor. Dann kam noch eine kleine. Sie beschnüffelten den Tannenbaum und schlüpften zwischen seine Zweige.

»Es ist eine gräuliche Kälte!«, sagten die kleinen Mäuse. »Sonst ist es hier gut! Nicht wahr, du alter Tannenbaum?«

»Ich bin gar nicht alt!«, protestierte der Tannenbaum. »Es gibt viele, die weit älter sind als ich!«

»Woher kommst du?«, fragten die Mäuse. »Und was weißt du?« Sie waren so gewaltig neugierig. »Erzähle uns doch von dem schönsten Ort auf Erden! Bist du dort gewesen? Bist du in der Speisekammer gewesen, wo Käse auf den Brettern liegen und Schinken unter der Decke hängen, wo man mager hineingeht und fett herauskommt?«

»Das kenne ich nicht!«, sagte der Baum. »Aber den Wald kenne ich, wo die Sonne scheint und die Vögel singen!« Und dann erzählte er alles aus seiner Jugend. Die kleinen Mäuse hatten dergleichen nie gehört und sie horchten auf und sagten: »Nein, wie viel du gesehen hast! Wie glücklich du gewesen bist!«

»Ich?«, fragte der Tannenbaum und dachte über das nach, was er erzählt hatte. »Ja, es waren im Grunde ganz fröhliche Zeiten!«

Dann erzählte er vom Weihnachtsabend, wo er mit Kuchen und Lichtern geschmückt gewesen war.

»Wie schön du erzählst!«, sagten die kleinen Mäuse. Und in der nächsten Nacht kamen sie mit vier anderen kleinen Mäusen, die den Baum erzählen hören sollten. Je mehr er erzählte, desto deutlicher erinnerte er sich selbst an alles und dachte: »Es waren doch ganz fröhliche Zeiten!«

*

Eines Morgens kamen Leute und wirtschafteten auf dem Boden. Der Baum wurde hervorgezogen und ein Diener schleppte ihn sogleich zur Treppe hin, wo der Tag leuchtete.

»Nun beginnt das Leben wieder!«, dachte der Baum. Er fühlte die frische Luft, die ersten Sonnenstrahlen und war draußen im Hof. Alles ging so geschwind. Der Baum vergaß völlig sich selbst zu betrachten, da war so viel ringsum zu sehen. Der Hof stieß an einen Garten und darin blühte alles. Die Rosen hingen so frisch und duftend über das kleine Gitter, die Lindenbäume blühten und die Schwalben flogen umher.

»Wie schön!«, jubelte der Tannenbaum und breitete seine Zweige weit aus.

Aber ach! Sie waren alle vertrocknet und gelb und er lag zwischen Unkraut und Nesseln. Der Stern saß noch oben in der Spitze und glänzte im hellen Sonnenschein.

Im Hofe spielten ein paar der Kinder, die zur Weihnachtszeit den Baum umtanzt hatten. Eins der kleinsten lief hin und riss den Goldstern ab.

Der Baum sah auf all die Blumenpracht und Frische im Garten. Er betrachtete sich selbst und wünschte, dass er in seinem dunklen Winkel auf dem Boden geblieben wäre. Er gedachte seiner Jugend im Wald, des lustigen Weihnachtsabends und der kleinen Mäuse, die ihm so munter zugehört hatten.

»Vorbei! Vorbei!«, sagte der alte Baum. »Hätte ich mich doch gefreut, als ich es noch konnte! Vorbei! Vorbei!«

Und der Knecht kam und hieb den Baum in kleine Stücke. Der Baum seufzte tief und dachte an einen Sommertag im Wald oder eine Winternacht da draußen, wenn die Sterne funkelten.

Die Kinder spielten im Garten. Das kleinste hatte den Goldstern in der Hand, den der Baum an seinem glücklichsten Abend getragen. Nun war der vorbei und mit dem Baume war es vorbei und mit der Geschichte auch.

Vorbei, vorbei – und so geht es mit allen Geschichten!

17. Dezember

Sophie Reinheimer
Der Schnee

Heute war Weihnachten. Aber erst heute Abend! Jetzt war es noch hell auf der Straße und im Garten, denn es war noch Tag.

»Heute Abend ist Weihnachten«, zwitscherten die Spatzen sich im Garten gegenseitig zu. Dann flogen sie zu den Bäumen und Sträuchern, um es ihnen zu erzählen.

Aber die wussten es schon. »Wir haben gesehen, wie der Christbaum in das Haus getragen wurde«, sagten sie.

Die Spatzen hatten aber noch viel mehr gesehen. Neugierig, wie sie nun einmal waren, hatten sie sich den ganzen Nachmittag auf dem Fensterbrett herumgetrieben und in das große Zimmer gespäht, in dem die schöne Weihnachtsbescherung aufgebaut war.

»Den Christbaum haben wir auch gesehen, aber wir hätten ihn beinahe nicht wiedererkannt, so hübsch war er geschmückt mit Äpfeln und Nüssen und Gold und Silber und bunten Papierketten«, berichteten sie.

»Wie schön!«, sagten die Bäume und Sträucher und blickten traurig auf ihre kahlen Äste. Der große Apfelbaum auf dem Rasenplatz gedachte wehmütig der schönen Zeit, zu der er auch voll schöner roter Äpfel gehangen hatte.

»Vielleicht sind es meine Äpfel, die nun am Christbaum hängen«, meinte er. Das wussten die Spatzen natürlich nicht, aber viel anderes wussten und erzählten sie. »Der kleine Junge, Richard, der bekommt eine Kappe und Hermine einen Mantel und ein Buch mit Geschichten. Wir haben alles auf dem Tische liegen sehen. Auch eine schöne warme Decke für die Großmutter lag dabei, damit sie nicht friert. Aber das Schönste kommt erst noch! Heute Abend, wenn die vielen Lichter am Christbaum brennen. Das wird herrlich!«

»Ja, ihr habt's gut«, brummte die dicke Pumpe, die auch im Garten stand. »Unsereins bekommt keine Geschenke und sieht nichts von Christbaum und Lichtern. Wenn ich doch auch fliegen könnte!«

Darüber mussten die Spatzen nun furchtbar lachen. Es war doch auch zu komisch, sich vorzustellen, dass die dicke Pumpe fliegen könnte.

Die anderen im Garten gaben der Pumpe recht. »Wenn wir wenigstens eine Kappe geschenkt bekämen«, riefen die hölzernen Pfähle des Gartenzauns.

»Oder einen schönen Mantel«, meinte das Dach der Laube. Der Rasen wollte lieber eine warme Decke haben wie die Großmutter, um seine Grashälmchen damit zuzudecken, denn sie froren gewaltig in dem kalten Winter.

»Ein Buch mit schönen Geschichten wäre auch nicht übel«, sagten die Sträucher. »Es ist doch manchmal entsetzlich langweilig im Winter, wenn keine Schmetterlinge und Vögel kommen, um uns was zu erzählen.«

So wünschte sich alles und jeder im Garten etwas. Aber wer sollte die Wünsche erfüllen? Das Christkind etwa? Ach, das hatte wahrhaftig gerade genug mit den Menschen zu tun.

Traurig blickten Bäume und Sträucher und der Rasen und die Zaunpfähle zum Himmel hinauf. Da war es ganz grau.

»Es ist das Klügste, wir schlafen ein«, sagte der Rasen. »Zu sehen bekommen wir ja doch nichts von all den Herrlichkeiten. Es ist auch schon ganz dunkel geworden.« Die anderen dachten das auch und bald darauf war es im ganzen Garten mucksmäuschenstill. Alles schlief.

Aber was war das, was plötzlich oben vom Himmel herunterkam? Lauter kleine weiße Flöckchen. Schneeflocken. Was wollten sie wohl? Warum kamen sie herunter auf die Erde? Und so leise kamen sie, so leise, dass man sie gar nicht hörte! Und nur ganz sachte sprachen sie miteinander.

»Wie kalt es ist«, flüsterten die einen, »nur gut, dass uns Mutter Wolke die weißen Sternmäntelchen angezogen hat.« Sie waren sehr stolz auf ihre schönen weißen Sternmäntel. Die kleinsten von ihnen tanzten in der Luft herum vor lauter Vergnügen.

Ein paar große Flocken waren auch dabei, aber sie flogen schön langsam und vernünftig ihres Weges und hielten auch die anderen zur Ordnung an.

»Nun macht eure Sache gut«, sagten sie. »Und dass ihr nichts vergesst! Und seid schön leise, damit niemand im Garten aufwacht, sonst ist es mit der Überraschung vorbei.« Die Schneeflocken nickten stumm.

Nun waren die ersten unten im Garten angekommen. Nichts rührte und regte sich darin, alles schlief. Das war den Schneeflocken gerade recht, denn sie hatten eine große Überraschung vor. Leise wanderten sie zu den schlafenden Sträuchern und zu den Bäumen und schmückten sie. Kein Zweiglein, auch nicht das allerkleinste, wurde vergessen. Es sah aus, als wäre alles in Zucker getaucht. Und wie flink die kleinen Schneeflocken bei ihrer Arbeit waren – und wie leise sie sie taten. Es war sehr gut, dass es so viele Schneeflocken waren, denn es gab eine Menge zu tun. Das Dach der Laube sollte einen Mantelkragen bekommen, so wie es sich einen gewünscht hatte. Das war aber gar nicht so leicht, denn die Laube war schon alt und hatte keinen so festen Schlaf mehr. Sie knackste manchmal unheimlich, sodass die Schneeflocken sehr erschraken und schon dachten, die Laube könnte aufwachen. Aber sie hatte nur im Traum geknackst, so wie die Menschen manchmal im Traum sprachen.

Am meisten Arbeit aber machte die Decke für den großen Rasenplatz. Die guten Schneeflocken gaben ihre eigenen Sternenmäntelchen dazu her. Viele, viele tausend davon lagen schon auf dem Rasen. Aber immer noch war die Decke nicht dick und warm genug. Es mussten immer und immer noch Schneeflocken vom Himmel herunterkommen.

Endlich, endlich war die Decke fertig. Sie war prachtvoll, so frisch und weiß und warm. Nun froren die armen Grashalme sicher nicht mehr.

Jedes Ding im Garten, das noch nichts bekommen hatte, bekam ein weißes Schneepelzkäppchen aufgesetzt, jeder Stein, jeder Pfahl am Zaun, sogar die alte Pumpe bekam eines. Weil es aber so arg in Eile zuging, kam es vor, dass das eine oder das andere eine Mütze bekam, die ihm zu groß oder zu klein war – oder die ihm schief auf dem Kopf saß. Aber das schadete nichts. Die Hauptsache war, dass niemand vergessen wurde. Nun musste keine Schneeflocke mehr kommen. Und nun war wieder alles ganz still im Garten.

Aber dann am nächsten Morgen, das hättet ihr sehen sollen! Das war ein Erstaunen, ein Jubel und eine Freude, als nach und nach alle aufwachten, sich die Augen rieben und die Bescherung sahen.

Die Sträucher wagten es nicht sich zu rühren, aus Angst, etwas von dem herrlichen Schmuck zu verlieren.

Der Rasen war glücklich über die schöne, warme Decke.

Die alte Laube aber, die sonst immer als Erste aufgewacht war vor Kälte, die wachte heute zuallerletzt auf, so gut hatte sie in ihrem warmen Kragen geschlafen.

Am allermeisten Vergnügen hatten aber die Zaunpfähle. »Dürfen wir diese schönen Kappen nun wohl immer behalten?«, fragten sie.

Doch der Morgenwind, der gerade des Weges daherspaziert kam, gab ihnen gleich die gehörige Antwort. »Wo denkt ihr hin«, sagte er, »wartet nur, bis die Sonne kommt. Die wird sie euch von den Ohren ziehen.« Er ärgerte andere gern ein bisschen, der Morgenwind. »Pfiff!«, machte er und blies noch rasch im Vorbeigehen dem einen Strauch ein bisschen von seinem Schmuck herunter, sodass ein kleines weißes Schneewölkchen in die Höhe flog.

Nun kam noch ein weiterer Besuch in den Garten, ein Rabe, ganz feierlich im schwarzen Anzug.

Er habe von der herrlichen Bescherung gehört und komme, sie sich anzusehen, sagte er und nahm auf der alten Pumpe Platz.

»Was haben Sie denn für eine Schlafmütze auf?«, fragte er. »Sind Sie so faul, dass Sie eine brauchen?« Und dabei hob er das eine Bein und strich der Pumpe die schöne, neue Kappe vom Kopf herunter.

»Mach, dass du fortkommst, Grobian!«, rief sie und drohte ihm mit ihrem Schwengel, sodass der Rabe Angst bekam und fortflog.

»Ich will einmal probieren, wie es sich auf dem neuen Teppich geht«, meinte er. »Ganz schön, nur ein bisschen glatt ist er so ganz ohne Muster. Ich will mal eins darauf machen.«

Und so hüpfte er auf dem Teppich herum, und überall wo er hinhüpfte, gab es Striche, sodass der Teppich wirklich ganz gemustert aussah. Die anderen fanden, dass der Teppich früher viel schöner gewesen war, aber dem Raben gefiel es so viel besser.

Er hätte sicher noch mehr Muster auf den Teppich gemacht, wenn nicht plötzlich mit großer Geschwindigkeit etwas Rotes angesaust gekommen wäre. Es war ein Schlitten. Die Kinder hatten ihn zu Weihnachten bekommen und freuten sich nun sehr, dass das Christkind ihnen auch Schnee dazu geschickt hatte. Rings um den Rasen herum ging die fröhliche Fahrt. Dann wurde haltgemacht und die Schneebälle kamen an die Reihe. Hui! Da flogen sie, hier einer, da einer. Es war ein großes Vergnügen, ein richtiges, echtes Wintervergnügen.

Aber das Schönste war ein Schneemann, den die Kinder bauten, gerade vor der alten Laube, als stehe er Schildwache davor. Es war ein prächtiger Schneemann! Er musste jedem gefallen und er gefiel auch allen.

»Guten Morgen!«, sagte er.

»Guten Morgen!«, antwortete es von allen Seiten.

»Es ist schönes Wetter heute«, meinte der Schneemann. Etwas anderes fiel ihm gerade nicht ein.

»Ja, aber heute Nacht hat es geschneit.«

»Hm«, murmelte der Schneemann, »natürlich hat es geschneit. Stände ich sonst hier? Nein, dann hätte ich sicher mit der Wolke noch ein Stück weiterreisen können und noch viel von der Welt gesehen.«

»Ei!«, riefen die Sträucher. »Sie haben gewiss schon schöne Reisen bis hierher gemacht. Wollen Sie uns nicht davon erzählen?«

»Gern«, sagte der Schneemann und dann erzählte er. »Ihr habt doch vorhin die Kinder auf ihrem Schlitten fahren sehen? Das war ein Vergnügen, nicht wahr? Aber was würden diese Kinder wohl erst für ein Vergnügen haben, wenn sie in dem Lande wohnten, aus dem ich mit der Schneewolke hergereist bin! Da liegt nämlich das ganze Jahr hindurch Schnee, sodass man immer Schlitten fahren muss. Habt ihr vielleicht schon einmal ein Haus aus Schnee gesehen? Ich habe eins gesehen. Eine richtige kleine Hütte war es, mit Fenstern und Tür und Schornstein! Auch Leute wohnten drin.«

In diesem Augenblick kam die Sonne hinter den Wolken hervor.

»Uff!«, seufzte der Schneemann, »Nun ist es aus mit mir, ihr werdet es gleich sehen.«

Sie sahen aber zuerst vor allem, dass auf einmal aller Schnee ganz wunderschön in der Sonne glitzerte. Es war eine wahre Pracht, die die Sonne da hervorgezaubert hatte. »Traut ihr nicht«, warnte der Schneemann, »die Herrlichkeit wird gleich zu Ende sein. O wäre ich doch mit der Wolke fortgezogen,

weiter zu den hohen Bergen hin, wo es so herrlich kalt ist, dass die Schneeflocken nicht in der Sonne sterben müssen, sondern in Eis verwandelt werden und ewig leben.«

Aber was war denn das? Der ganze Garten weinte auf einmal! Von jedem Strauch, von jedem Zaunpfahl, von der Laube und von der Pumpe fielen große Tropfen herab in den Schnee. Weinten sie alle, weil der Schneemann vom Sterben sprach, der Schneemann, der ihnen so hübsch erzählt hatte?

Nein, es war Tauwetter eingetroffen, das war es. Immer mehr Sonnenstrahlen kamen und jeder einzelne von ihnen schmolz ein bisschen Schnee hinweg.

Gerade als es am allerschönsten war!

Aber so geht es ja immer.

18. Dezember

Luise Büchner

Die Geschichte vom Christkindvogel

Unter den vielen Vöglein, die in Wald und Feld herumfliegen und singen und zwitschern, gibt es einen ganz kleinen, bunten Vogel, den kleinsten von allen. Die großen und gelehrten Leute nennen ihn den Zaunkönig.

Die Kinder aber und die einfachen Leute, zu denen wohl auch die Tante gehört, die sagen: »Das ist der liebe Christkindvogel!«

Freilich wissen die wenigsten, weshalb er so heißt, die Tante aber weiß es und erzählt es Mathildchen und Georg.

»Jedes Jahr, vier Wochen vor Weihnachten zündet der Nikolaus auf dem freien Platz auf dem Böllstein jeden Abend ein großes Feuer an, das Weihnachtsfeuer. Daran wärmen sich das Christkind und er, wenn sie in der Nacht ganz erfroren heimkommen. Oft bleiben sie bis zum Morgen sitzen und arbeiten für die Weihnachtsbescherung. Und einmal, vor langer, langer

Zeit, schlief der Nikolaus neben dem Feuer ein, anstatt aufzupassen und Holz nachzulegen.

Das war ein großes Unglück, denn es geschah ausgerechnet am Weihnachtstag. Als das Christkind sein Kerzchen anzünden wollte, mit dem es die Weihnachtsbäume anbrennt, war nicht das kleinste bisschen Glut in der Asche zu finden, obwohl der Nikolaus wie ein Blasebalg hineinblies und ihm der Staub in die Nase flog und die Asche ins Gesicht. Seitdem ist seine Stimme noch viel rauer als vorher. Es war aber nichts zu machen, das Feuer war aus und guter Rat teuer. Zündhölzer gab es damals noch nicht.

Dass der Nikolaus endlich ganz unten aus seinem Sack einen Feuerstahl und ein Stückchen Zunder herauskramte, half leider auch nicht. Denn er hatte auch da nicht achtgegeben und den Sack im Schnee liegen lassen. Nun war der Schwamm nass, und wie sehr er auch draufschlug, kein Fünkchen, das aus dem Stahl sprang, zündete. Das Christkind war zum ersten Mal in seinem Leben bitterböse.

Wo sollten sie nun Licht herbekommen? Ihnen blieb nichts anderes übrig, als sich bei der lieben Mutter Sonne einen Strahl zu erbitten. Wer aber konnte den weiten, weiten Weg zu ihr in der kurzen Zeit, die ihnen blieb, hinauffliegen? Der Nikolaus, dem diese Aufgabe von Rechts wegen zugekommen wäre, hatte keine Flügel. Und selbst wenn er sich in seinem Pelzrock auch noch so aufgeblasen hätte, wäre er noch nicht einmal über die kleinste Fichte hinausgekommen.

Auf einmal fiel dem Christkind etwas ein. Es lachte fröhlich auf und klingelte laut mit seinem silbernen Glöckchen, sodass es weit durch den Wald erklang.

Im Wald wurde es auf einmal lebendig. Es raschelte und flatterte und zwitscherte wie von tausend Vöglein – und wirklich, da kamen sie alle herbei, die im Wald wohnten, Groß und Klein. Sie kannten das Glöcklein vom Christkind gut und wussten, dass es auch ihnen jedes Jahr etwas bescherte. Die Krümelchen, die sich das Jahr über im Sack des Nikolauses anhäuften, bekamen die Vöglein am Weihnachtsabend hingestreut und sie schmeckten ihnen gut. Sie glaubten alle, sie würden deshalb herbeigerufen. Der Boden war zwar rein gefegt, aber es lag nichts auf ihm als die Asche, die der Nikolaus beim Blasen aufgewirbelt hatte. Die Vöglein waren sehr erstaunt und fingen gleich an untereinander darüber zu schwatzen. Eines fragte das andere, warum ihre Krumen nicht da waren.

»Ihr lieben Vögelein, ich bin in großer Verlegenheit und weiß mir keinen Rat. Wer von euch will mir einen Gefallen tun?«, fragte das Christkind.

Da rief es in allen Tonarten, hoch und niedrig, dumpf und hell: »Ich! – Ich! – Ich!«

»Ach, wie gut ihr seid«, freute sich das Christkind. »Hört nur, ich habe ich kein Licht, womit ich den vielen Kindern, die auf mich warten, die Christbäume anzünden kann. Es muss neues Licht von der Sonne heruntergeholt werden. Wer von euch will für mich hinauffliegen und mir einen Strahl herunterbringen?«

So lebhaft die Vögel vorhin auch gewesen waren, so mucksmäuschenstill wurden sie jetzt. Sie hatten nicht gedacht, dass das Christkind ein so großes Wagnis von ihnen verlangen würde. Als keiner etwas sagte, fragte das Christkind traurig: »Will mir keiner von euch den Gefallen tun?«

Da räusperte sich der Spatz und sagte: »Liebes Christkindchen, ich tue dir gern jeden Gefallen, aber das ist zu viel verlangt. Wäre ich allein, flöge ich schon hinauf, aber ich bin Familienvater und darf mich wegen meiner Frau und meinen Kindern nicht der Gefahr aussetzen, zu nah an die Sonne zu kommen!« Die Vögel, die auch Familie hatten, nickten ihm Beifall zu. Dann hörte man ein schmelzendes Girren und die Nachtigall begann zu zwitschern: »Es schmerzt mich in tiefster Seele, teures Christkind, dass ich dir die Bitte abschlagen muss. Aber du wirst es sicher selbst einsehen. Wie kann ich meine himmlische Stimme einer so gefährlichen Reise aussetzen? Bei der Sonne ist es furchtbar heiß, hier unten kalt. Ich bekäme Schnupfen und wer sollte dann im nächsten Frühjahr Busch und Wald und alle liebenden Herzen mit seinem Gesang entzücken?«

Was konnte das Christkind dazu sagen? Es nickte stumm und sah sich dann fragend und betrübt im ganzen Kreis um. Gerade auf die Nachtigall hatte es im Stillen am meisten gezählt. Das Christkind wandte sich ab, aber die Not war zu groß, darum verlegte es sich noch einmal aufs Bitten. »Und du, Lerche«, sagte es lieblich, »willst du mir nicht helfen? Du

kannst doch höher fliegen und schwärmen als alle anderen Vögel.« Die Lerche hob ihr Köpfchen und flötete schlicht: »Liebes Christkind, ich bin so zart und fein, ich fürchte mich.«
So war auch diese Hoffnung dahin. Dem Christkind liefen zwei große Tränen über die rosigen Wangen. Es hörte kaum, wie der Specht klapperte: »Welche Zumutung, zur Sonne zu fliegen! Ich habe genug zu tun, wenn ich klappere und rassele.«

»Fliegt wieder in eure Nester«, antwortete das Christkind traurig. »Dann bekommen die Kinder dieses Jahr keine Christbäume.«

Und doch! Und doch! Leise schwirrte es durch die Luft und im nächsten Augenblick saß ein winziges, unscheinbares Vöglein von grauer Farbe, das aber ein zierliches Krönlein auf dem Kopf trug, das ihm ein ganz besonderes Ansehen verlieh, auf den Schultern vom Christkind. »Ich will hinfliegen, Christkind«, sagte es, »und habe nur gewartet, bis die großen und vornehmen Vögel gesprochen haben. Da sie alle verhindert sind, ist es nicht unbescheiden von mir, wenn ich dir meine Hilfe anbiete.«

Das Christkind weinte vor Freude. Es drückte das Vöglein an seine Brust, küsste es und rief: »Flieg, mein lieber, kleiner Vogel, flieg!«

Und das Vöglein flog, flog, flog, bis nur noch ein schwarzes Pünktchen und dann gar nichts mehr von ihm zu sehen war. Keiner rührte sich von seinem Platze und alle sahen hinauf in die Höhe. Christkindchens blaue Augen leuchteten in überirdischer Freude. Es war auch das Christkind, das zuerst ganz oben am Himmel einen hellen Punkt erblickte. Der Punkt kam näher und näher. Bald glänzte er wie ein leuchtender Stern und dann wie eine kleine Sonne, die kurz darauf zu Christkinds Füßen niedersank. Der Zaunkönig brach-

te dem Christkind tatsächlich einen Sonnenstrahl im Schnäblein mit. Schnell brannte Christkind sein Kerzchen an, ehe der Strahl erlosch. Dann bückte es sich, um nach dem Zaunkönig zu sehen, der noch erschöpft am Boden lag. Der arme Zaunkönig hatte nicht ein Federchen mehr. Die heißen Sonnenstrahlen hatten sie alle abgebrannt und er zitterte und fror, dass es zum Erbarmen war.

Der Nikolaus riss hastig seine Pelzmütze vom Kopf und bettete den Zaunkönig hinein, damit er nicht erfror, bis er ein neues Federkleid bekam.

Das Christkind aber schüttelte wieder sein Schellchen und rief: »Ihr Vögel und Vöglein, hört mich an! Zur Sonne wolltet ihr mir zwar nicht fliegen und ich werde es auch nie mehr von euch erwarten oder verlangen. Aber für den armen, kleinen Zaunkönig, der mehr gewagt hat als der Stolzeste von euch, nehme ich euer Mitgefühl in Anspruch. Gebt ihm jeder eine Feder, damit ich ihm ein neues Gefieder daraus machen kann!«

An diesem Werk beteiligte sich jeder gern und jeder wollte dabei der Erste sein.

Binnen einer Minute machte das Christkind das neue Gefieder fertig und streifte es dem Zaunkönig über. Da flog er wieder putzmunter aus der Pelzkappe heraus, sah sich vergnügt um und wollte sich wieder ganz bescheiden in der Vogelschar verlieren.

Das Christkindchen aber griff mit beiden Händen nach ihm, hielt ihn fest, drückte ihn an sich und sprach: »Nein, du bleibst bei mir, denn du bist mir fortan der liebste Vogel im ganzen Wald und sollst für immer der Christkindvogel heißen. Wenn ich des Nachts unterwegs bin, fliegst du mit mir und pickst mit deinem kleinen Schnäblein leise an die Fenster, damit die Kinder merken, wer in der Nähe ist. Komm jetzt gleich mit mir, es ist schon fast ganz dunkel und die Kinder warten auf mich!«

Da setzte sich das Vöglein auf die Schulter vom Christkind. Das nahm sein Kerzchen zur Hand, dann hoben beide ihre Flügel – und fort waren sie.

19. Dezember

Hans Christian Andersen

Der standhafte Zinnsoldat

Es waren einmal fünfundzwanzig Zinnsoldaten, die waren alle Brüder, denn sie waren aus einem alten zinnernen Löffel geboren worden. Das Gewehr hielten sie im Arm und das Gesicht geradeaus, rot und blau war ihre Uniform. Das Allererste, was sie in dieser Welt hörten, als der Deckel von der Schachtel genommen wurde, in der sie lagen, war das Wort: »Zinnsoldaten!«

Das rief ein kleiner Junge und klatschte in die Hände. Er hatte sie zu seinem Geburtstag bekommen und stellte sie nun auf dem Tisch auf. Ein Soldat glich dem anderen wie ein Ei dem anderen, nur ein Einziger war etwas verschieden. Er hatte nur ein Bein, denn er war zuletzt gegossen worden, da war nicht mehr genug Zinn übrig gewesen. Und doch stand er ebenso fest auf seinem einen Bein wie die anderen auf ihren zweien.

Auf dem Tisch, auf dem sie aufgestellt wurden, stand noch viel anderes Spielzeug. Was davon am meisten ins Auge fiel, war ein niedliches Schloss aus Papier. Durch die kleinen Fenster konnte man in die Säle hineinsehen. Vor dem Schloss standen kleine Bäume rings um einen kleinen Spiegel, der wie ein klarer See aussah. Schwäne aus Wachs schwammen darauf und spiegelten sich. Aber das Schönste war eine kleine Tänzerin, die mitten in der offenen Schlosstür stand. Auch sie war aus Papier geschnitten, hatte aber einen Rock aus Leinen an und ein kleines, schmales, blaues Band über die Schultern wie ein Gewand. Mitten in diesem saß eine glänzende Flitterrose. Die Tänzerin streckte beide Arme aus und hob ein Bein so hoch empor, dass der Zinnsoldat es nicht sehen konnte und glaubte, dass sie – wie er – nur ein Bein habe.

»Das wäre eine Frau für mich«, dachte er, »ich muss versuchen ihre Bekanntschaft zu machen.«

Und dann legte er sich, so lang, wie er war, hinter eine Schnupftabaksdose, die auf dem Tisch stand. Da konnte er die Tänzerin betrachten, die fortfuhr, auf einem Bein zu stehen, ohne aus der Balance zu kommen.

Als es Abend wurde, kamen alle die anderen Zinnsoldaten in ihre Schachtel und die Leute im Haus gingen zu Bett.

Nun fing das Spielzeug an zu spielen. Die Zinnsoldaten rasselten in der Schachtel, denn sie wollten mit dabei sein, aber sie konnten den Deckel nicht heben. Der Nussknacker schlug Purzelbäume und der Griffel vergnügte sich auf der Tafel. Es war ein solcher Lärm, dass der Kanarienvogel davon erwachte und anfing mitzusprechen, und zwar in Versen.

Die Einzigen, die sich nicht von der Stelle bewegten, waren der Zinnsoldat und die Tänzerin. Sie hielt sich ganz gerade auf der Zehenspitze und hatte beide Arme ausgestreckt. Er war ebenso standhaft auf seinem einen Bein, seine Augen ruhten unverwandt auf ihr.

Nun schlug die Uhr zwölf und – klatsch! – da sprang der Deckel von der Schnupftabaksdose auf. Aber es war kein Tabak darin, sondern ein kleiner schwarzer Kobold. Das war so ein Kunststück.

»Zinnsoldat«, sagte der Kobold, »sieh doch nicht nach dem, was dich nichts angeht!«

Aber der Zinnsoldat tat, als ob er nichts gehört hatte.

»Warte nur bis morgen!«, meinte der Kobold.

Als es Morgen wurde und die Kinder aufstanden, stellten sie den Zinnsoldaten aufs Fensterbrett und – war es nun der Kobold oder der Zugwind – auf einmal flog das Fenster auf und der Soldat fiel Hals über Kopf vom dritten Stock hinunter. Das war eine schreckliche Fahrt! Er streckte das Bein gerade in die

Höhe und blieb mit dem Bajonett zwischen den Pflastersteinen stecken.

Das Dienstmädchen und der kleine Junge eilten sogleich hinunter, um ihn zu suchen. Aber obwohl sie beinahe auf ihn hätten treten können, fanden sie ihn doch nicht. Hätte der Zinnsoldat gerufen, so hätten sie ihn wohl gefunden. Aber er fand es nicht passend, laut zu schreien.

Nun fing es an zu regnen. Bald fielen die Tropfen dichter und wurden zu einem Platzregen. Als er vorüber war, kamen zwei Straßenbuben vorbei.

»Sieh einmal«, sagte der eine, »da liegt ein Zinnsoldat! Der muss hinaus und auf dem Kahn fahren!«

Und so falteten sie einen Kahn aus einer Zeitung und setzten den Zinnsoldaten hinein. Nun segelte er den Rinnstein hinunter. Beide Jungen liefen nebenher und klatschten in die Hände. Was schlugen da für Wellen in dem Rinnstein und welch ein Strom war da! Der Regen hatte aber auch geflutet! Das Papierboot schaukelte auf und nieder, mitunter drehte es sich so geschwind, dass der Zinnsoldat bebte. Aber er blieb standhaft, verzog keine Miene, sah geradeaus und hielt das Gewehr im Arm.

Mit einem Mal trieb der Kahn unter eine lange Rinnsteinbrücke. Da wurde es so dunkel, als wäre er in seiner Schachtel.

»Wo mag ich nun hinkommen?«, dachte er. »Daran ist der Kobold schuld! Ach, säße doch die Tänzerin auch im Kahn, da könnte es hier meinetwegen noch einmal so dunkel sein!«

Plötzlich kam eine große Wasserratte auf ihn zu, die unter der Rinnsteinbrücke wohnte.

»Hast du einen Pass?«, fragte die Ratte. »Her mit dem Pass!«

Aber der Zinnsoldat schwieg.

Der Kahn fuhr davon und die Ratte hinterher. Hu, wie fletschte sie die Zähne und rief den Holzspänen und dem Stroh zu: »Haltet ihn! Haltet ihn! Er hat keinen Zoll bezahlt! Er hat seinen Pass nicht gezeigt!«

Aber die Strömung wurde stärker und stärker. Der Zinnsoldat konnte schon am Ende der Brücke den hellen Tag erblicken. Aber er hörte auch einen brausenden Ton, der einen tapferen Mann wohl erschrecken konnte. Man denke nur: Die Gosse mündete, wo die Brücke endete, in einen großen Kanal. Das wäre für ihn ebenso gefährlich wie für uns, einen großen Wasserfall hinunterzufahren.

Nun war er schon so kurz davor, dass er nicht mehr anhalten konnte. Der Kahn fuhr hinaus, der arme Zinnsoldat hielt sich so steif, wie er nur konnte. Der Kahn schnurrte drei-, viermal herum und war bis zum Rand mit Wasser gefüllt. Er musste sinken!

Der Zinnsoldat stand bis zum Hals im Wasser. Tiefer und tiefer sank der Kahn, mehr und mehr löste das Papier sich auf. Nun schlug das Wasser über seinen Kopf. Da dachte er an die Tänzerin, die er nie mehr zu Gesicht bekommen sollte.

Das Papier weichte auf, der Zinnsoldat stürzte hinab und wurde augenblicklich von einem großen Fisch verschlungen.

Oh, wie dunkel war es hier! Das war noch schlimmer als unter der Rinnsteinbrücke – und außerdem so eng. Aber der Zinnsoldat blieb standhaft und lag, so lang, wie er war, mit dem Gewehr im Arm.

Der Fisch schwamm hin und her. Er machte die allerschrecklichsten Bewegungen. Aber irgendwann wurde es ganz still. Das Licht schien plötzlich wieder ganz klar und eine Stimme rief laut: »Der Zinnsoldat!«

Der Fisch war gefangen, auf den Markt gebracht, verkauft und in die Küche hinaufgekommen, wo die Köchin ihn aufschnitt. Sie fasste mit ihren beiden Fingern den Soldaten mitten um den Leib und trug ihn in die Stube – und nein, wie sonderbar kann es doch in der Welt zugehen! Der Zinnsoldat war in derselben Stube, in der er früher gewesen war. Er sah dieselben Kinder, dasselbe Spielzeug stand auf dem Tisch: das herrliche Schloss mit der Tänzerin. Sie hielt sich noch auf dem einen Bein und hatte das andere hoch in der Luft. Auch sie war standhaft. Das rührte den Zinnsoldaten, er war kurz davor, Zinn zu weinen. Er sah sie an und sie sah ihn an, aber sie sagten nichts.

Da nahm einer der kleinen Jungen den Soldaten und warf ihn geradewegs in den Ofen. Er gab keinen Grund dafür an. Es war sicher der Kobold in der Dose, der schuld daran war.

Der Zinnsoldat stand ganz beleuchtet da und fühlte eine Hitze, die erschreckend war. Aber ob sie vom Feuer oder von der Liebe herrührte, das wusste er nicht. Seine Farben waren verschwunden. Ob das auf der Reise geschehen oder der Kummer dafür verantwortlich war, konnte niemand sagen. Er sah die kleine Dame an. Sie blickte ihn an und er fühlte, dass er schmolz. Da ging eine Tür auf, der Wind ergriff die Tänzerin und sie flog in den Ofen zum Zinnsoldaten, loderte in den Flammen auf und fort war sie. Da schmolz der Zinnsoldat zu einem Klumpen. Als das Mädchen am folgenden Tag die Asche herausnahm, fand sie ihn als ein kleines Zinnherz. Von der Tänzerin hingegen war die Flitterrose übrig und sie war kohlschwarz.

20. Dezember

Luise Büchner

Die Geschichte vom Weihnachtsmarkt

Am Tag vor Weihnachten war das Wetter hell und klar und der Schnee festgefroren. Und die Tante sagte zu den Kindern: »Heute gehen wir auf den Weihnachtsmarkt, zieht euch schnell die Mäntel an und setzt die Hüte auf!«

Das musste sie nicht zweimal sagen, im nächsten Augenblick waren die Kinder fertig und es ging hinaus in den frischen, klaren Morgen.

Die Tante hielt Georg und Mathildchen an den Händen und sie gingen durch zwei lange, dichte

Reihen von Fichten- und Tannenbäumen aller Art, die sich in dem weißen, funkelnden Schnee prächtig machten. Überall begegneten sie Leuten, die ihre Bäume nach Hause trugen.

»Aber Tante«, sagte Mathildchen, »ich dachte, das Christkind bringt alles, und nun holen sich die Menschen ihre Christbäume doch selber nach Hause.«

»Das ist wahr«, erwiderte die Tante, »aber du vergisst, dass das Christkind sie alle hierhergeschickt hat und unsichtbar mit dem Nikolaus umhergeht und alles sieht und hört, was hier vorgeht. Es gibt so viele Menschen auf der Welt, dass die beiden nicht alles allein schaffen können. Darum müssen sie sich von den großen Leuten ein wenig helfen lassen. Verstehst du das?«

Mathildchen nickte und sie gingen weiter auf den Markt, wo eine Bude neben der anderen stand, angefüllt mit begehrenswerten Herrlichkeiten.

Georg und Mathildchen sperrten Mund und Nase auf. Ihre Tante aber ging bald da, bald dort an eine Bude, sprach leise einige Worte und ließ geheimnisvoll etwas in ihre große Markttasche gleiten.

»Tante, kauf mir auch etwas«, bat Mathildchen.

»Mir auch!«, rief Georg.

»Ihr wollt also schon heute und morgen noch einmal beschert haben?«, fragte die Tante.

»Ja, Tante, zu gern!«, riefen die Kinder. Was sollte die gute Tante machen? Sie kaufte die begehrte Puppe und die gewünschte Peitsche, und gerade als sie Erstere Mathildchen in die ausgestreckte Hand geben wollte, hörte sie hinter sich jemanden sagen: »Ach, wenn die schöne Puppe doch mir gehörte!«

Alle drei sahen sich um. Da stand ein Häuflein Kinder beieinander, vier oder fünf. Sie waren ganz durchgefroren, denn sie hatten nur schlechte, dünne Kleider an und der Wind zerzauste ihre unbedeckten Haare.

Das Kind, das gesprochen hatte, war etwas kleiner als Mathildchen und streckte immer noch die Hand nach der Puppe aus, obgleich die größeren es am Rock zupften und wegzogen. Es waren arme Kinder, für die niemand den Christbaum schmückte und die sich mit dem bloßen Ansehen und Wünschen begnügen mussten.

»Möchtest du die Puppe haben?«, fragte die Tante das kleine Mädchen freundlich. Da die Kleine ihr nicht antwortete, sondern verschämt wegsah, fragte sie den größten Jungen, ob sie Geschwister seien, wie sie hießen und wo sie wohnten. Er antwortete auf alles, die Tante schrieb es in ihr Notizbuch, dann nickte sie den Kindern freundlich zu und ging weiter.

»Aber Tante ...«, sagte Mathildchen ganz erstaunt.

»Komm schnell«, lautete die Antwort, »es ist viel zu kalt, um lange stehen zu bleiben, und wir haben noch eine Menge zu erledigen. Nicht wahr, Mathildchen, die Puppe mit dem rosa Kleid gibst du gern dem kleinen Mädchen? Und Georg, du überlässt deine Peitsche dem Jungen mit der Schmutznase?«

»Ja, Tante, sehr gern!«, riefen beide Kinder. »Aber sie sind ja nicht mehr da, wir haben sie im Gedränge verloren!«

»Nur Geduld, sie werden sich schon wiederfinden. Da hat uns das unsichtbare Christkind einen Teil seiner Arbeit übertragen und wir müssen unsere Sache gut machen.«

Die Tante kaufte noch allerlei hübsche Spielsachen ein, auch einige warme Kleidungsstücke sowie verschiedene süße Leckereien, Glaskugeln, Wachskerzen und zuletzt ein kleines Bäumchen, das Mathildchen zu ihrer höchsten Freude eigenhändig nach Hause tragen durfte.

Die Kinder vergingen fast vor Neugierde, was es mit all den Dingen auf sich hatte, aber die Tante sagte nur: »Wartet bis heute Abend!«

Der Abend kam und mit ihm die Erzählstunde. Die Kinder saßen eng an die Tante gedrückt und Georg seufzte aus tiefstem Herzen. »Jetzt müssen wir nur noch einmal schlafen ...«

»... und dann ist das liebe Christkindchen da!«, fuhr Mathildchen fort und klatschte jubelnd in die Hände. »Tante, was erzählst du uns heute?«

»Heute erzähle ich euch eine Geschichte vom Weihnachtsmarkt, die noch viel schöner ist, als die unsrige werden wird.«

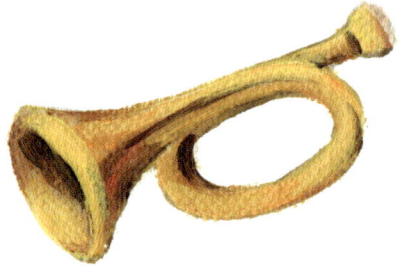

Vor vielen, vielen Jahren, als ihr noch lange nicht auf der Welt wart, war der Weihnachtsmarkt schon genauso schön wie heute. Und alle Kinder der Stadt, die armen wie die reichen, gingen hin, um die Herrlichkeiten zu betrachten. Das Christkind hatte schon damals die Angewohnheit, sich unbemerkt unter die Menge zu mischen. Über sein weißes Kleid hatte es einen langen, dunklen Mantel gezogen und sein Köpfchen unter einer Kapuze versteckt. Niemand erkannte es und so hörte es, was die Leute miteinander redeten und was sie sich wünschten. Vor allem jedoch achtete es auf die Kinder. Gegen Abend kam es an eine Bude, in der waren die schönsten Kinderspielsachen des ganzen Marktes zu finden. Sie war umdrängt von Kindern, die voller Sehnsucht und Bewunderung die wundervollen Puppen, Kochherde, zierlichen Porzellangeschirre, Puppenmöbel und bunt aufgezäumten Pferdchen, die Trommeln und Trompeten bewunderten. Das Christkind freute sich an ihrer Freude. Auf einmal sah es ganz am Ende der Bude ein kleines Mädchen von etwa zehn Jahren stehen, das einen zappelnden Jungen auf dem Arm hielt, der ständig die Ärmchen nach dem Stand reckte. Sie musste sehr arm sein, denn sie hatte ein dünnes Röckchen an und ihre Arme waren halb entblößt. Sie lächelte mal dem Brüderchen zu, mal betrachtete sie die schönen Dinge mit einer Freude, dass man sich selbst darüber freuen musste. Das Christkind ging zu dem Mädchen, legte ihm leise die Hand auf die Schulter und sagte: »Liebes Kind, die Sachen da gefallen dir wohl sehr gut. Wähle dir etwas davon aus, was du am liebsten

haben möchtest, ich will es dir zum Weihnachtsgeschenk machen.«

Das Kind wurde dunkelrot vor Freude, seine Augen leuchteten und durchliefen die bunte Reihe vor ihm. Da streckte das Brüderchen wieder jauchzend die Händchen empor.

Das Mädchen drückte ihn an sich, folgte seinem verlangenden Blick und sagte dann schüchtern: »Wenn Sie mir wirklich eine Freude machen wollen, so schenken Sie meinem Brüderchen die goldglänzende Trompete, die da oben hängt. Er möchte sie zu gern haben.«

Schnell nahm Christkind die Trompete herunter, reichte sie dem Brüderchen, das hell auflachte, und ging weiter.

»Da hätte das Christkind dem guten Mädchen doch auch etwas geben können!«, rief Mathildchen.

»Das Christkind machte es noch viel besser. Da es alle Menschen kannte, wusste es, dass das Kind, das seinen Bruder so lieb hatte, Mariechen hieß, dass seine Familie sehr arm war und sie einem alten, kleinen Häuschen wohnten.

Am nächsten Abend war Weihnachten. Überall flammten die Christbäume, jauchzten und lärmten die Kinder, in dem kleinen Häuschen aber war es dunkel und still.

»Wir sind zu arm, wir können das Christkind nicht bestellen«, sagte die Mutter zu ihren fünf Kindern, als sie beieinandersaßen und eines von ihnen fragte, ob das Christkind nicht auch zu ihnen käme. Dabei weinte sie und die Kinder taten es auch.

Der kleine Bruder war vergnügt und schmetterte laut auf seiner Trompete.

Auch das gute Mariechen weinte nicht und sagte: »Ach, wir sind doch vergnügt, wir haben einander ja so lieb.«

Auf einmal klingelte es so sonderbar und leise durch die dunkle Nacht und es kam wahrhaftig ein Esel angetrabt. Neben ihm ging ein Mann mit einem weißen, langen Bart und auf dem Esel saß ein wunderschöner Engel. Das konnte doch niemand anders sein als das Christkind mit seinem getreuen Nikolaus. Der band das Eselchen fest, das Christkind stieg ab, öffnete leise die Tür und Nikolaus trug die schweren Körbe, die der Esel getragen hatte, ins Haus.

In der Küche stellten sie alles ab, dann klingelte das Christkind laut und lange, sodass sie in der Stube alle in die Höhe fuhren und eilig zur Tür liefen. Der Nikolaus stand vor der Stubentür und rief: »Es soll nur Mariechen herauskommen!«

Mariechen kam unerschrocken heraus und sagte: »Da bin ich. Was soll ich tun?«

»Komm in die Küche!«, brummte der Nikolaus sanft. Als sie in die Küche kam, war diese ganz erfüllt von dem wunderbarsten Glanz und Mariechen sah das Christkind leibhaftig vor sich stehen.

Das Christkind fragte: »Kennst du mich noch?« Als Mariechen erstaunt mit dem Kopf schüttelte, fuhr es fort: »Aber ich kenne dich. Ich habe dir gestern auf dem Weihnachtsmarkt die Trompete für deinen Bruder gegeben, weil du lieber ihm als dir eine Freude gönntest. Daher möchte ich heute auch dir ein Vergnügen bereiten. Weil du so gerne gibst, sollst du deine lieben Geschwister und deine Mutter an meiner Stelle bescheren. Ist dir das recht?«

Da weinte Mariechen vor Freude. »O Christkind«, rief sie, »so viel verdiene ich ja gar nicht.«

»Weine nicht, Mariechen, sondern beeile dich, wir müssen wieder fort. Gehe in die Stube und schicke sie alle in die Kammer, damit wir anfangen können.«

Mariechen lief in die Stube und rief zwischen Weinen und Lachen: »Macht schnell. Geht alle in die Kammer und seht ja nicht durchs Schlüsselloch. Es kommt gleich etwas sehr Schönes!« Dann schloss Mariechen schnell die Tür hinter ihnen, lief in die Küche und holte auf Christkindchens Geheiß ein weißes Tuch aus dem Schrank, das es über den alten Tisch in der Stube breitete. Nun fing der Nikolaus an, auszupacken und seine Siebensachen in die Stube zu schleppen. Mitten auf den Tisch stellte er einen Christbaum, der war über die Maßen schön geschmückt und mit Lichtern übersät. Der Baum stand in einem Moosgärtchen, in dem weiße, flockige Schafe mit goldenen Halsbändern und roten Beinen weideten. Dann wurden um den Baum herum große Herzlebkuchen gelegt, für die Mutter und jedes der Kinder einer. Auf jeden Lebkuchen schichtete das Christkind ein Häufchen Äpfel, Nüsse und Gebäck und legte die Päckchen daneben, die Nikolaus ihm reichte. Da waren ein warmes Tuch für die Mutter, ein Kleidchen und eine schöne Puppe für Gretchen, für Hans eine Mütze und ein Lesebuch, für Jakob ein Kittel und eine Flinte und für den kleinen Trompeter, der spaßigerweise Peterchen hieß, warme Schuhe und Strümpfe und ein Paar reizende Pferdchen mit rotem Zaumzeug.

Mariechen half auspacken und auflegen und war ganz außer sich vor Freude. Als sie fertig waren, sagte das Christkind: »Für dich, Mariechen, habe ich nichts, was meinst du dazu?«

»O liebes Christkind«, rief Mariechen und hob die gefalteten Hände in die Höhe, »ich bin die Glücklichste von allen. Du schenkst mir das Schönste und Beste, indem ich die anderen bescheren und ihre Freude sehen darf.«

»Recht so, meine Kleine«, antwortete das Christkind. »Bleibe so gut und liebevoll und es wird dir wohl gehen auf Erden!«

»Wir müssen fort«, mahnte der Nikolaus, »wir sind noch lange nicht fertig.«

»Ich komme schon, alter Brummbär«, sagte das Christkind und lächelte Mariechen noch einmal freundlich zu – und fort waren sie. Nur ganz aus der Ferne hörte man noch das Glöcklein vom Esel erklingen.

In dem engen Häuschen aber erhob sich jetzt ein Jubel und Jauchzen. Auf Mariechens Ruf kamen sie aus der Kammer gestürzt, standen erst einen Augenblick wie versteinert da und dann brach die helle Freude aus.

»Ach, was für ein schönes Kleid!«

»Wie, eine Flinte für mich? Pfiff, Pfaff, Pfuff! Hurra!«

»Ein Buch, ein Buch! Daraus lese ich euch vor!«

»Zieh, Pferdchen, zieh!«

So ging es wohl eine Viertelstunde lang.

»Aber Mariechen, du hast ja gar nichts«, riefen auf einmal die Geschwister, nachdem sie sich an ihren Geschenken und dem strahlenden Christbaum sattgesehen hatten. Die Mutter, die bis dahin gleichzeitig gelacht und geweint hatte, nahm ihr Mariechen in den Arm, küsste und drückte die Tochter fest an sich und sagte zu den anderen: »Weil sie so gerne gibt, durfte sie uns geben – und das ist immer noch zehnmal seliger als nehmen.«

Als die Tante schwieg, da die Geschichte zu Ende war, blieben die Kinder noch ein Weilchen sitzen.

Dann sagte Mathildchen: »Tante, ich möchte die Puppe, die du mir gekauft hast, gerne dem kleinen Mädchen schenken, das wir auf dem Markt gesehen haben. Wenn wir nur wüssten, wie es heißt und wo es wohnt!«

»Und ich will die Peitsche verschenken!«, rief Georg stürmisch.

»Das ist schön, da haben wir ja alle drei den gleichen Gedanken. Ich weiß auch, wie die Kinder heißen und wo sie wohnen. Heute Abend dürft ihr mir eine ganz besondere Weihnachtsbescherung für sie rüsten helfen!«, sagte die Tante.

Georg und Mathildchen klatschten vor Freude in die Hände und liefen geschäftig hin und her, um der Tante zu helfen. Erst wurde das Tannenbäumchen hereingebracht, das sie auf dem Markt gekauft hatten. Es wurde in ein Moosgärtchen gesteckt, in dem ebenfalls rotbeinige Schafe weideten. Danach schleppten sie feierlich die große Tasche herbei, die so viele Schätze getragen hatte.

Die Kinder bekamen Nadel und Faden, damit fädelten sie Glasperlen auf. Sie wickelten feinen Draht um die goldenen und silbernen Nüsse und knüpften lange Seidenfäden an die Konfektstücke. Die Tante hängte alles auf und befestigte die Kerzen am Baum. Bald stand er fertig geschmückt vor ihnen. Dann wurden die Spielsachen und Kleidungsstücke, die die Tante besorgt hatte, herbeigeholt, für jedes Kind ein Päckchen gemacht und sein Name darauf geschrieben. Dass die Puppe und die Peitsche mit dabei waren, versteht sich von selbst.

Sie waren kaum fertig, als es anklopfte und eine Frau hereintrat, die ärmlich, aber reinlich gekleidet war. Die Tante begrüßte sie freundlich und sagte zu ihr: »Liebe Frau, mein Mathildchen, mein Georg und ich haben eine kleine Christbescherung für Ihre Kinder hergerichtet. Nehmen Sie alles mit sich, verstecken sie es daheim, und morgen Abend, wenn es fünf Uhr schlägt, zünden Sie den Kinderchen den Christbaum an. Dann brennt er gerade zur selben Zeit mit dem unsrigen.«

Die Frau war überglücklich. Sie drückte der Tante die Hand, umarmte Georg und Mathildchen und packte mit ihrer Hilfe alles zusammen.

Nun waren die Kinder sehr müde und die Tante auch. Sie setzte sich mit ihnen noch einen Augenblick auf das Sofa und nahm jedes in einen Arm. Da sagte Mathildchen, während es sein Köpfchen an die Schulter der Tante legte: »Tantchen, ich bin so vergnügt! Ich denke gar nicht mehr daran, dass morgen schon Weihnachten ist. Ich meine, heute schon beschert worden zu sein!«

»Ich bin auch vergnügt, mein Goldkind«, antwortete die Tante, »denn das gibt eine Bescherung nach meinem Sinn.«

✳

Als es aber wieder Abend ward, erzählte die Tante keine Geschichte, denn das Christkind war da gewesen und hatte alle Wünsche, Träume und Hoffnungen in glückselige Wirklichkeit verwandelt. Georg und Mathildchen waren außer sich vor Freude. Mathildchen stand vor einer herrlichen Puppenküche und rührte bereits einen Kuchen zusammen, da rief sie plötzlich: »Ach, Tante! Jetzt ist es auch hell bei den armen Kindern und sie hatten auch eine Bescherung. Das ist das Allerschönste!«

21. Dezember

Manfred Kyber

Der kleine Tannenbaum

Es war einmal ein kleiner Tannenbaum im tiefen Tannenwalde, der wollte so gerne ein Weihnachtsbaum sein. Aber das ist gar nicht so leicht, wie man das oft in der Tannengesellschaft annimmt, denn der heilige Nikolaus ist in der Beziehung sehr streng und erlaubt nur den Tannen als Weihnachtsbaum in Dorf und Stadt zu spazieren, die dafür ganz ordnungsgemäß in seinem Buch aufgeschrieben sind. Das Buch ist groß und dick, wie sich das für einen guten alten Heiligen geziemt, und damit geht er in den klaren, kalten Winternächten im Walde herum und sagt es allen den Tannen, die zum Weihnachtsfeste bestimmt sind. Und dann erschauern die Tannen, die zur Weihnacht erwählt sind, vor Freude und neigen sich dankend, und das ist sehr schön und sehr feierlich.

Manches Jahr schon ist der heilige Nikolaus in den klaren, kalten Winternächten an dem kleinen Tannenbaum vorbeigegangen und hat wohl ernst und geschäftig in sein großes Buch geguckt, aber nichts dazu gesagt.

Der kleine Tannenbaum war eben nicht ordnungsgemäß vermerkt. Da ist er sehr, sehr traurig geworden und hat ganz geweint, sodass es ordentlich tropfte von allen Zweigen.

Wenn jemand so weint, dass es tropft, hört man das natürlich. Diesmal hörte es ein kleiner Wicht, der ein grünes Moosröcklein trug, einen grauen Bart und eine feuerrote Nase hatte und in einem Erdloch wohnte. Das Männchen aß Haselnüsse, am liebsten hohle, und las Bücher, am liebsten dicke. Den Tannenbaum mochte es gerne, weil es oft von ihm ein paar grüne Nadeln geschenkt bekam für sein gläsernes Pfeifchen, aus dem es immer blaue ringelnde Rauchwolken in die goldene Sonne blies. Und darum kam der Wicht auch gleich heraus, als er den Tannenbaum so jämmerlich weinen hörte, und fragte: »Warum weinst du denn so schrecklich?«

Da hörte der kleine Tannenbaum etwas auf zu tropfen und erzählte dem Männchen sein Herzeleid. Der Wicht wurde ganz ernst und seine Nase glühte so sehr, dass man befürchten konnte, das Moosröcklein finge Feuer. Aber es war ja nur die Begeisterung, und das ist nicht gefährlich. Der Wichtelmann war also begeistert davon, dass der kleine Tannenbaum im tiefen Tannenwalde so gerne ein Weihnachtsbaum sein wollte, und sagte bedächtig, indem er sich aufrichtete und ein paarmal bedeutsam schluckte: »Mein lieber kleiner Tannenbaum, es scheint zwar unmöglich, dir zu helfen, aber ich bin eben ich und mir ist es vielleicht doch nicht unmöglich, dir zu helfen. Ich bin nämlich mit einigen Wachslichtern, darunter mit einem ganz bunten, befreundet, die will ich bitten zu dir zu kommen. Auch kenne ich ein großes Pfefferkuchenherz, das allerdings

nur flüchtig, aber jedenfalls will ich sehen, was sich machen lässt.«

Damit nahm der kleine Wicht einen Eiszapfen in die Hand als Spazierstock und wanderte los durch den tiefen, verschneiten Wald, der fernen Stadt zu.

Es dauerte sehr, sehr lange, am Himmel schauten schon die ersten Sterne der Heiligen Nacht durchs winterliche Dämmergrau auf die Erde hinab und der kleine Tannenbaum war schon wieder ganz traurig geworden und dachte, dass er nun doch wieder kein Weihnachtsbaum sein würde. Aber da kam auch schon eine ganze kleine Gesellschaft eilig und aufgeregt durch den Schnee gestapft: der Wicht mit dem Eiszapfen in der Hand und hinter ihm sieben Lichtlein. Auch eine Zündholzschachtel war dabei, auf der sogar etwas aufgedruckt war und die so kurze Beinchen hatte, dass sie nur mühsam durch den Schnee wackeln konnte.

Wie sie nun alle vor dem kleinen Tannenbaum standen, räusperte sich der kleine Wicht im Moosröcklein vernehmlich, schluckte ein paarmal gar bedeutsam und sagte: »Ich bin eben ich, und darum sind auch alle meine Bekannten mitgekommen. Es sind sieben Lichtlein aus allervornehmstem Wachs, darunter sogar ein buntes. Jetzt wirst du also ein Weihnachtsbaum werden. Das große Pfefferkuchenherz, das ich nur flüchtig kenne, hat auch versprochen zu kommen. Es wollte sich nur noch ein Paar warme Filzschuhe kaufen, weil es gar so kalt ist draußen im Wald. Eine Bedingung hat es freilich gestellt: Es muss gegessen werden, denn das müssen alle Pfefferkuchenherzen, das ist nun einmal so. Ich habe schon einen Dachs benachrichtigt, den ich sehr gut kenne. Er hält jetzt Winterschlaf, doch versprach er, als ich ihn weckte, das Pfefferkuchenherz zu verspeisen. Hoffentlich verschläft er's nicht!«

*

Als das Männchen das alles gesagt hatte, räusperte es sich erneut, schluckte ein paarmal bedeutsam und verschwand dann im Erdloch. Die Lichtlein aber sprangen auf den kleinen Tannenbaum hinauf und die Zündholzschachtel zog sich ein Zündholz nach dem anderen aus dem Magen, entzündete sie an der braunen Reibfläche und steckte alle Lichtlein der Reihe nach an. Und wie die Lichtlein brannten und leuchteten im tief verschneiten Walde, da kam auch noch keuchend und atemlos vom eiligen Laufen das Pfefferkuchenherz an und hängte sich sehr freundlich und verbindlich mitten in den grünen Tannenbaum, obwohl es die warmen Filzschuhe unterwegs verloren hatte und arg erkältet war. Der kleine Tannenbaum aber, der so gerne ein Weihnachtsbaum sein wollte, der wusste gar nicht, wie ihm geschah, dass er nun doch ein Weihnachtsbaum war.

*

Am anderen Morgen aber kroch der Dachs aus seiner Höhle, um sich das Pfefferkuchenherz zu holen. Doch wie er ankam, da hatten es die kleinen Englein schon gegessen, die ja in der Heiligen Nacht auf die Erde dürfen und die so gerne die Pfefferkuchenherzen aufessen. Da ist der Dachs sehr sauer geworden und hat sich beklagt.

Dem kleinen Tannenbaum aber war das ganz einerlei, denn wer einmal in seinem Leben seine heilige Weihnacht gefeiert hat, den stört auch der frechste Frechdachs nicht mehr.

22. Dezember

Imke Sörensen

Lüttenwiehnacht auf dem Asmussen-Hof

»Ole! Ole, wach auf!«, wisperte Insa und rüttelte ihren Bruder vorsichtig. »Wach auf, wir haben heute viel zu tun.« Es war der 22. Dezember und die beiden hatten in der Tat eine Menge vor. Aber der Reihe nach.

Insa und Ole lebten mit ihren Eltern Klara und Marius, ihren Großeltern Dora und Julius und vielen Tieren auf dem Asmussen-Hof.

Der Hof lag auf einer Insel in der Ostsee, ziemlich nah an der Küste. So nah, dass die Weide der Kühe direkt an der Uferkante lag und sie bei Hochwasser manchmal nasse Füße bekamen.

Aber im Moment standen die Kühe im Stall, fraßen duftendes Heu und erzählten sich Geschichten, um sich die Wartezeit bis zum Frühjahr zu vertreiben, wenn sie wieder auf die Weide konnten. Es war richtig gemütlich im Kuhstall, es roch nach Stroh und Heu und Kühen und war warm durch die Körperwärme der Tiere. Im Winter gab es außerdem keine störenden Fliegen und die beiden Hofkatzen Momme und Mulle hatten sich auf den Heuballen eingerollt, auf dem Marius gern saß und mit seinen Kühen sprach.

Auch die meisten anderen Tiere auf dem Hof blieben im Moment lieber im Stall. Die Hühner und Schweine mochten Schnee nicht besonders. Die Hühner sahen im Schnee nicht so gut wie sonst und die Schweine konnten den gefrorenen Boden nicht mit ihren Schnauzen aufwühlen. Aber die drei großen Pferde Fabia, Pontus und Pius, die bei der Feldarbeit halfen und die Kutsche und den Schlitten zogen, waren gern im Schnee. Sie hatten ein dickes, zottiges Winterfell, das sie vor Wind und Kälte schützte. Und noch ein Tier liebte den Schnee, der Hofhund Kari. Auch er hatte ein Winterfell und tobte gern mit Ole und Insa durch die weiße Pracht oder lief neben dem Schlitten her.

Alle Tiere auf dem Asmussen-Hof, genau wie die Tiere auf dem Feld und im Wald, wussten, dass morgen ein ganz besonderer Tag für sie war. Der schönste Tag im Winter. Der Tag der Lüttenwiehnacht für die Tiere.

Und heute bereitete die Familie Asmussen alles dafür vor.

»Ole, werd endlich wach!« Insa rüttelte ihren Bruder nun fester. Endlich öffnete er die Augen und blinzelte seine Schwester müde an. »Weißt du, welcher Tag heute ist?«, fragte sie.

Er nickte strahlend und sprang aus dem Bett. »Womit wollen wir anfangen?«, rief er. »Mit den Sachen für die Hoftiere oder mit denen für die Wildtiere? Wann gehen wir in den Wald? Was machen Oma und Opa? Wie kalt ist es draußen? Bekommt der Bussard dieses Jahr auch etwas?«

»Waren das etwa schon alle Fragen?«, erwiderte Insa lachend. Die beiden zogen sich in Windeseile an und liefen nach unten in die Küche, wo ihre Eltern schon den Ofen geheizt hatten und ein Topf mit warmer Buchweizengrütze auf dem Herd stand.

Alle vier setzten sich an den Tisch, jeder mit einer Schüssel Grütze und einem dampfenden Becher vor sich. In Insas Grütze kam ein Löffel Honig, in Oles ein Löffel Marmelade, in Klaras ein Klacks Rahm und in Marius' eine ordentliche Prise Salz. Und dann ging es ans Pläneschmieden und Aufgabenverteilen für den Tag. Schließlich wollten sie morgen alle Tiere auf Hof und Feld bedenken. Und das waren nicht gerade wenige.

Ole, der gerade schreiben lernte, schrieb alle mehr oder weniger richtig auf eine Liste: die Kühe, Fabia, Pontus und Pius, Momme und Mulle, Kari, die Hühner, die Schweine, die Enten und die Gänse vom Hof – und die Mäuslein aus dem Stall. Die Rehe, die Hirsche, die Wildschweine, die Hasen, die Kaninchen, die Eichhörnchen, die Vögel – und die Mäuslein vom Feld und aus dem Wald.

»Und den Bussard! Bitte, können wir dieses Jahr auch den Bussard beschenken?«, bat Ole. Er mochte Greifvögel sehr gern und wusste, wie schwer es für sie im Winter oft war, etwas zu fressen zu finden.

»Natürlich, auch den Bussard«, versprach sein Vater. »Er soll morgen auch einen besonderen Tag haben. Lasst uns überlegen, was die Tiere am liebsten fressen, damit sie ein Festmahl bekommen, genau wie wir am Weihnachtstag. Wollen wir mit den Hoftieren anfangen? Wer hat eine Idee?«

»Etwas Grünfutter für die Hühner, Gänse und Enten. Körner bekommen sie im Winter jeden Tag. Und auch die Kühe hätten sicher sehr gern mal wieder etwas Frisches«, meinte Insa.

»Einen Korb süße Äpfel und einen Korb Möhren für Pontus, Pius und Fabia«, rief Ole.

»Das zerkochte Suppengemüse aus der Weihnachtssuppe und eine Schüssel Maronen für die Schweine und eine Schale Rahm und zwei Fische für Momme und Mulle – falls Julius heute welche aus der Ostsee holt«, ergänzte Klara.

»Und einen großen Schinkenknochen für Kari und einen Teller voll mit kleinen Speck- und Käsewürfeln für die Mäuse«, vervollständigte Marius die Liste der Hoftiere.

»Plus einen weiteren Teller für die Mäuse draußen«, machte Ole gleich weiter.

»Und Möhren und Äpfel für die Rehe und Hirsche und Maronen und zerkochtes Suppengemüse für die Wildschweine«, fügte Insa hinzu.

»Und ein großes Netz gemischter Weihnachtsnüsse für die Eichhörnchen, etwas frisches Grünes und ein paar Möhren für die Hasen und Kaninchen und natürlich Hafergirlanden und getrocknete Beeren und Kerne für die Vögel«, zählte Klara auf.

»Fehlt nur noch unser Freund, der Bussard«, schloss Marius. »Und der wird sich garantiert über klein geschnittenes, rohes Fleisch freuen.«

*

Nun ging es erst richtig los, denn jetzt wurden die Aufgaben verteilt. Schließlich mussten all die Leckerbissen für die Tiere erst einmal zusammengesucht, gekocht, zerteilt und zerschnitten, gebunden, geflochten und aufgezogen, in Körbe, Eimer, Netze und auf Teller gefüllt werden, bevor sie am nächsten Tag zur Lüttenwiehnacht an die Tiere verteilt werden konnten.

Außerdem fehlte noch etwas Entscheidendes, was unbedingt zu Weihnachten und natürlich auch zu Lüttenwiehnacht gehörte: der Tannenbaum – nein, in diesem Fall waren es sogar zwei Tannenbäume. Denn die Wildtiere würde sich wohl kaum auf den Hof trauen.

Nach einem weiteren Becher Kaffee für die Erwachsenen und Kakao für die Kinder waren die Aufgaben für den Tag verteilt. Insa und Ole würden als Erstes einen Bollerwagen mit Hafergarben, Beeren und Kernen zum kleinen Häuschen ihrer Großeltern fahren, das gegenüber vom Haupthaus lag. Denn niemand war so geduldig wie Opa Julius und niemand so geschickt beim Auffädeln wie Oma Dora. Also würden sie das Festmahl für die Vögel übernehmen. Außerdem konnten sie ihren Opa so auch gleich fragen, ob er ein paar Fische in der Ostsee gefangen hatte und ihnen zwei für Momme und Mulle abgeben würde.

Hinterher würden sie mit ihrem Vater auf dem Schlitten in den Wald fahren, um zwei besonders schöne Tannenbäume zu schlagen. Und natürlich würden sie Pontus und Pius nicht verraten, dass einer der Bäume für sie bestimmt war. Währenddessen wollte ihre Mutter Möhren, Äpfel und Maronen in Körbe und Eimer füllen. Auch ein Netz voller Nüsse für die Eichhörnchen wollte sie zusammenbinden. Anschließend wollten sich alle wieder in der Küche treffen und Gemüse für die Weihnachtssuppe und den Speck und den Käse klein schneiden. Die Suppe wollte Klara am

nächsten Morgen kochen, sodass sie das zerkochte Suppengemüse und den Schinkenknochen, der ebenfalls mitkochte, rechtzeitig aus der Suppe nehmen konnte. So mussten sie am Tag der Lüttenwiehnacht ansonsten nur noch das Fleisch für den Bussard zerschneiden und möglichst viel frisches Grün zusammensuchen.

Letzteres war bei Weitem der schwierigste Teil. Denn wo sollte man im Winter etwas Grünes und Frisches finden?

*

Insa und Ole erzählten ihren Großeltern von ihren Plänen für die Tiere und ihrer Sorge wegen des frischen Grüns. Opa hatte am Morgen Fische gefangen und konnte zwei für Momme und Mulle entbehren und Oma wusste sogar Rat wegen des

Grüns. Einen ganz und gar überraschenden und unglaublichen Rat.

Sie lächelte auf einmal ganz verträumt und sagte: »Weil es für einen guten Zweck ist, darf ich euch ein Geheimnis verraten. Ihr müsst es fest in euren Herzen verschließen und dürft es nur weitersagen, um jemandem zu helfen, der etwas Gutes tun möchte. Versprecht ihr mir das?« Auf einmal war den beiden Kindern sehr feierlich zumute, sie sahen erst sich und dann ihre Oma an, nickten und sagten: »Ja, das versprechen wir.«

»Es gibt einen magischen Ort, ganz hier in der Nähe. Aber wer sein Geheimnis nicht kennt, der übersieht ihn. Es ist eine Stelle an dem kleinen Bach am Rande unseres Grundstücks, der in die Ostsee fließt.«

»Aber den kennen wir doch in- und auswendig!«, rief Insa überrascht.

Dora nickte. »Sicher kennt ihr ihn. Und ihr kennt auch die Stelle in dem kleinen tiefen Tal am Bach, wo im Frühjahr alles voller Bärlauch ist, richtig?«

»Ja, die Stelle kennen wir sogar sehr gut«, sagte Ole verwundert, »da ist es schön, aber doch nicht magisch!«

»Aber dort wird es magisch, wenn ihr dreimal über das kahle kleine Stück im Stamm der schiefen Eiche streicht. Versucht es gleich auf dem Rückweg ins Haus. Wünscht euch für morgen dort den Frühling mit seinem frischen Gras, dem jungen Klee und den würzigen Kräutern. Dann werdet ihr sehen. Ich rate euch, morgen Vormittag wieder dorthin zu gehen und das Grün für die Kühe und das Geflügel zu pflücken. Später könnt ihr genau dort den Tannenbaum für die Wildtiere aufstellen. Das wird der schönste und beste Platz für sie sein.«

»Oma! Das ist doch …«, fing Insa an, doch ihre Oma unterbrach sie.

»Schh, mein kleiner Schatz. Vertraut mir und probiert es aus«, sagte sie zärtlich.

✼

Vollkommen verwundert machten sich die Kinder auf den Weg zu dem wirklich besonders hübschen Tal am Bach, wo sie schon etliche Male gewesen waren. Die kahle Stelle an der schiefen Eiche war ihnen jedoch nie aufgefallen. Sie fanden sie schnell, strichen dreimal über den kleinen Fleck und wünschten sich für den nächsten Tag frisches Grün für die Tiere.

Abgesehen von dieser Ungeheuerlichkeit verlief alles genau wie geplant. Am Abend standen zwei herrliche Tannenbäume in der Tenne neben den gefüllten Körben und Eimern, dem Netz mit den Nüssen, den sorgsam abgedeckten Tellern für die Mäuse, damit auch keine schon vorher naschte. Die zwei Fische und eine Schale Rahm lagerten kühl in der Speisekammer.

Als Insa und Ole abends in ihren Betten lagen, waren sie noch aufgeregter als vor Weihnachten. »Meinst du, wir bekommen morgen wirklich frisches Grün für die Hoftiere und einen magischen Platz für die Wildtiere?«, fragte Ole.

»Es ist merkwürdig. Es kann ja eigentlich nicht sein und doch glaube ich es«, antwortete Insa. Sie dachten jeder noch eine Weile still für sich darüber nach, aber dann fielen ihnen doch die Augen zu.

*

Am nächsten Morgen konnten die beiden nach dem Frühstück gar nicht schnell genug in ihre Stiefel kommen, um loszuziehen und frisches Grün zu sammeln. Ihr Vater wollte ihnen helfen, sobald er das Fleisch für den Bussard vorbereitet hatte. Doch Insa und Ole schüttelten die Köpfe und machten sich auf den Weg. Ole zog den Bollerwagen und Insa einen großen Schlitten mit drei riesigen Körben darauf. Je näher sie dem Bach kamen, desto langsamer wurden sie. Würden sie gleich ein Fleckchen Frühling sehen?

Sie spürten ihn schon, bevor sie ihn sahen. Es war diese leichte, laue Luft, die der Frühling nach dem Winter mit sich führte. Nun rannten sie und purzelten beinahe vor lauter Aufregung den Hang ins Bachtal hinunter. Es war kaum zu glauben. Auf einem Stück von etwa zehn Metern Länge war – Frühling. Frisches grünes Gras wuchs knöchelhoch, süßer Klee duftete ihnen entgegen und zarte kleine Kräuter reckten ihre jungen Triebe der Sonne entgegen.

Insa lachte vor Glück, Ole jubelte und schlug einen Purzelbaum nach dem anderen. Sie rannten zu der schiefen Eiche, dankten ihr und streichelten über ihren Stamm – und dann ernteten sie.

Voll beladen waren Bollerwagen und Schlitten, als sie zwei Stunden später zurück zu ihren Eltern kamen. Und es war noch genug frisches Grün da für die Hasen und Kaninchen – und sogar für die Rehe und Hirsche. Ihre Oma hatte recht gehabt, das war der beste und schönste Platz für die Lüttenwiehnacht der Wildtiere.

Als Marius das viele frische grüne Gras und den Klee sah, konnte er es zuerst gar nicht glauben. Aber dann, ganz langsam, zog ein wissendes und strahlendes Lächeln auf sein Gesicht.

»Ihr wart bei der schiefen Eiche am Bach, richtig?«, fragte er und nahm seine Kinder in den Arm. Sie sahen ihn fassungslos an, dann nickten sie. Da hob er sie abwechselnd hoch, warf sie einmal in die Luft und drückte sie anschließend fest an sich. »Das habt ihr großartig gemacht, ihr Weihnachtsengel! Und Dora auch. Heute Abend werden wir den Tieren im Hof und am Bach die schönste und köstlichste Lüttenwiehnacht seit Langem schenken können.«

Und genauso war es dann auch.

23. Dezember

Imke Sörensen

Loschas Weihnachtsgeschichte

Vor langer, langer Zeit lebten in der Stadt Nazareth nicht nur viele Menschen, sondern auch viele Esel. Einer von ihnen war ziemlich klein und hatte einen Knick im Ohr. Er hieß Loscha und gehörte dem Tischler Josef und seiner Frau Maria. Die drei verstanden sich sehr gut. Und es gab noch jemanden, mit dem Loscha sich hervorragend verstand, das war seine Freundin Paja, die Schwalbe. Sie war immer nur ein paar Monate im Jahr da und flog dann weiter in andere Teile der Welt. Loscha dagegen hatte Nazareth noch nie verlassen.

»Wie schön, dass du wieder da bist, Paja! Sicher hast du mir wieder viele neue Geschichten mitgebracht. Du hast schon so viel gesehen und so viel zu erzählen, während ich vermutlich nie weiter als bis zum Stadtrand kommen werde«, sagte er zu ihr, als sie für die Wintermonate wieder ihr Quartier in einer Ecke seines Stalls bezog.

»Mein lieber, lieber Loscha, es ist so schön, wieder bei dir zu sein. Und irgendwann wirst auch du zu einer langen Reise aufbrechen, da bin ich sicher. Ich bin jetzt schon ganz gespannt, was du mir dann bei deiner Rückkehr alles erzählen wirst«, erwiderte Paja und zerzupfte liebevoll Loschas Fell hinter dem Knickohr.

Der Esel war längst nicht so sicher, dass auch er einmal reisen würde. Darum freute er sich riesig, als Josef eines Tages zu ihm sagte: »Wir müssen eine Reise machen, Loscha. Kaiser Augustus will, dass jeder Mann mit seiner Familie in seine Geburtsstadt geht, um sich dort zählen zu lassen. Also muss ich mit Maria nach Bethlehem – und du kommst mit.«

Der kleine Esel war ganz aufgeregt und erzählte die große Neuigkeit sofort seiner Freundin. Er erzählte Paja auch, warum er mit nach Bethlehem durfte.

»Maria ist schwanger und wird bald ihr Kind bekommen. Damit der lange Weg nach Bethlehem nicht zu anstrengend für sie wird, soll sie auf mir dorthin reiten.«

Bereits am nächsten Tag brachen sie auf. Loscha trug Maria gern und fand es herrlich, so eine weite Reise zu machen. Josef ging neben den beiden.

Auf ihrem Weg sahen sie lauter Dinge, die Loscha noch nie gesehen hatte: Kamele, hohe Dünen und steinige Berge. Jeder neue Tag brachte neue Bilder und Eindrücke. »So also fühlt sich reisen an«, dachte Loscha glücklich.

Auch unterwegs verstanden die drei sich sehr gut. Einmal pflückte Maria am Wegrand ein paar Disteln für Loscha. Das freute den kleinen Esel sehr, denn Disteln fraß er für sein Leben gern.

※

Schließlich kamen sie in Bethlehem an. Es war spätabends, die Stadt war voller Menschen, die sich zählen lassen mussten, und niemand konnte sie bei sich beherbergen. Aber Josef verlor nicht den Mut und klopfte an jede Tür. Erst beim letzten Haus in der Straße hatten sie Glück. Der Hausbesitzer hatte in seinem Haus zwar auch keinen Platz, bot ihnen aber an in seinem Stall zu übernachten.

In dem Stall stand der zotteligste Ochse, den Loscha je gesehen hatte. Er hieß Karim und freute sich, dass er nun nicht mehr allein war. Und auch Loscha freute sich über die vierbeinige Gesellschaft und genoss das Vergnügen, sich mit dem klugen alten Ochsen zu unterhalten. Er erzählte ihm von der Reise und davon, was für ein Glück er hatte, Josef und Maria zu gehören, die so gut zu ihm waren.

»Und nun wirst du auch noch ihr Kind sehr bald kennenlernen – und ich sogar auch«, sagte Karim und schnaufte vergnügt ins Heu.

Tatsächlich bekam Maria in dieser Nacht ihr Kind. Und auch wenn Loscha und Karim nicht wussten, dass ein Engel Maria die Geburt und den Namen des Kindes angekündigt hatte, so spürten sie doch, dass dieses Kind ein ganz besonderes war. Es wärmte ihre Herzen wie eine kleine warme Sonne und erfüllte sie mit einem Frieden, der unbeschreiblich war.

Aber es gab kein Bett für das Kind. Da schoben Karim und Loscha mit ihren Mäulern das alte Heu aus der Futterkrippe. Josef füllte frisches Stroh und Heu hinein. Maria wickelte ihren

Sohn in eine Windel und legte ihn vorsichtig in die Krippe. Erst danach bemerkten sie alle, dass ein heller, leuchtender Stern direkt über dem Stall stand.

»Hast du so einen Stern schon einmal gesehen, Karim?«, flüsterte Loscha andächtig.

»Nein, und ich bin sicher, dass noch niemand ihn bisher gesehen hat und er der Geburtsstern für diesen zauberhaften Jungen in unserer Krippe ist und das Wunder seiner Anwesenheit in der Welt bezeugt«, flüsterte Karim ebenso andächtig und sehr weise zurück.

Diesen Stern sahen auch die Hirten auf dem Feld. Beim Schein des hellen Lichts erschraken sie zuerst sehr. Und noch mehr erschraken sie, als ihnen plötzlich ein Engel erschien. Doch der Engel sagte: »Fürchtet euch nicht. Denn ich bringe euch große Freude. Heute Nacht ist Jesus Christus geboren, der Sohn Gottes. Er liegt in einer Krippe in einem Stall.«

Da zögerten die Hirten nicht lange. Sie trieben ihre Schafe zusammen, pfiffen nach den Hunden und machten sich auf den Weg. Sie wollten nachsehen, was es mit diesem besonderen Kind auf sich hatte. Der Stern über dem Stall wies ihnen den Weg.

Selbst viel weiter weg, im Morgenland, leuchtete der Stern klar und deutlich am Himmel. Dort lebten die drei Könige

Caspar, Balthasar und Melchior. Und auch sie wollten wissen, was dieses helle Leuchten bedeutete. Darum bestiegen sie ihre Kamele und machten sich ebenfalls auf den Weg zu dem Stern.

*

Bei ihrer Ankunft beim Stall spürten auch die Hirten und die drei Könige sofort, dass der kleine Jesus ganz besonders war. Denn auch sie erfüllte auf einmal ein größerer Frieden und tieferes Glück als je zuvor.

Der kleine Loscha spitzte seine großen Eselsohren, damit er Karim alles genau erzählen konnte, was die Menschen sagten. Der Ochse war nämlich etwas schwerhörig.

Aber vor allem genossen die beiden den Zauber der Heiligen Nacht und des göttlichen Kindes, das die Welt und Karims Stall mit seiner Geburt beschenkt hatte.

Loscha wusste, dass er diese Nacht nie vergessen würde – und er hätte niemals gedacht, was er seiner Freundin Paja bei seiner Rückkehr zu erzählen hatte.

24. Dezember

Johannes Schröer

Die Heiligen Drei Könige

Caspar, Melchior und Balthasar lebten in Babylon, einer großen Stadt im fernen Morgenland. Die drei waren berühmte Sterndeuter, das heißt, sie kannten fast alle Sterne und wussten, welcher Stern zu wem gehört. Damals, vor 2000 Jahren, glaubte man, dass der Stern, der bei der eigenen Geburt besonders hell strahlt, einen begleitet und schützt. Und so wollte jeder wissen: Unter welchem Stern bin ich geboren?

Mit ihrem besonderen Talent, die Sterne so genau zu kennen, waren die drei Sterndeuter sehr reich geworden. Sie hatten einen Stall voller Kamele, einen Kleiderschrank mit kostbaren Brokatkleidern – und sogar goldene Kopftücher, Turbane, die fast aussahen wie Kronen.

Darum wurden sie in der Stadt auch die Drei Könige genannt. Reich und berühmt waren die drei, und doch fehlte ihnen etwas.

Was ihnen fehlte? Sie konnten mit ihren Fernrohren und Teleskopen noch so lange in den Nachthimmel schauen, Gott, der doch irgendwo da draußen wohnen musste, sahen sie nicht. »Wir leben doch nicht für Reichtum und Ruhm«, seufzte Balthasar. »Aber wofür leben wir denn?«, fragte Caspar. Und Melchior kratzte sich nachdenklich die Stirn.

*

Eines Nachts standen die drei wieder auf dem Dach ihres prächtigen Hauses und schauten in den weiten Himmel. Kurz vor Morgengrauen, sie waren schon sehr müde, passierte es: Ein glänzendes, strahlendes Licht funkelte plötzlich in der Ferne. Sofort waren sie wieder hellwach und starrten in ihre Teleskope. So ein Leuchten hatten sie noch nie gesehen. Wem gehörte dieser Stern? Wer mag unter diesem Stern geboren sein, fragten sie sich.

Sie mussten es herausfinden, und zwar sofort. Die Sterndeuter liefen ins Haus, packten ihre Satteltaschen auf ihre Kamele, nahmen all ihr Gold mit und dazu zwei weitere Kostbarkeiten: wertvollen Weihrauch und seltene Myrrhe.

Niemand in Babylon verstand, warum die drei Könige es auf einmal so eilig hatten und aufbrachen, ohne den anderen sagen zu können, wohin. »Wir müssen los«, sagte Caspar. »Uns ist ein Licht aufgegangen«, meinte Balthasar. »Da gibt es kein Pardon«, murmelte auch Melchior, der sonst kaum ein Wort sagte. In der Stadt schüttelte man die Köpfe. »Ihr seid doch verrückt«, rief man ihnen hinterher. »Wie kann man nur so planlos sein?«

Aber die drei Sterndeuter waren nicht planlos. Sie behielten den fern leuchtenden Stern genau im Auge und zogen in seine Richtung. Wie ein Kompass zeigte er, wohin sie zu gehen hatten. Unterwegs sprachen sie viel darüber, was für ein Menschenkind wohl unter diesem Wunderstern geboren sein mochte. »Das muss ein König sein«, sagte Caspar. »Aber ein König, der größer ist als alle anderen Könige«, meinte Balthasar. Und Melchior nickte.

Nach einer langen wilden Reise kamen sie in die Stadt Jerusalem. Dort sprachen sich ihre Ankunft und ihr Ansinnen schnell herum. Auch Herodes, der das Land als König regierte, erfuhr davon. »Wer ist dieser neue König?«, schrie er und rief die drei Sterndeuter zu sich. »Wie heißt euer König?« – »Das können wir dir nicht sagen«, meinte Balthasar. »Aber er ist mächtiger als alle anderen Könige. Das sieht man an seinem Stern«, fügte Caspar hinzu. Und Melchior nickte.

»Und wo soll er sein, dieser neue König? Sagt es mir, und zwar zack!« Herodes war ganz grün vor Wut auf den neuen König. Der sollte ihm bloß nicht in die Quere kommen. Caspar, Melchior und Balthasar zuckten nur mit den Schultern.

»Das wissen wir nicht genau. Wir müssen ihn erst finden.« – »Wenn ihr ihn gefunden habt, kommt ihr sofort zu mir und sagt mir, wo dieser neue König ist«, herrschte Herodes sie an.

Vor den Stadttoren warteten die drei Sterndeuter die Nacht ab. Aber sie mussten ihre Teleskope gar nicht erst aufbauen, denn sie sahen ihren Stern mit bloßen Augen. Hell und leuchtend stand er direkt über ihren Köpfen. Und dann geschah noch etwas Wunderbares. Ihr Stern begann zu wandern, er schien zu rufen: »Folgt mir.« Wie eine große Laterne, die ihnen den Weg zeigte, zog er vor ihnen her.

Die Herzen der drei Sterndeuter klopften wie verrückt, und als der Stern über einem Stall stehen blieb, rannten sie, so schnell sie konnten. Im Stall waren Maria, Josef und das Jesuskind. Sie hatten gefunden, was sie suchten, fielen auf die Knie und weinten vor Freude. Aus den Satteltaschen ihrer Kamele holten sie alles, was sie hatten, und schenkten es Jesus. Ihr Gold, den duftenden Weihrauch und die kostbare Myrrhe.

Auf dem Rückweg hatten die drei Sterndeuter einen Traum. Ein Engel flüsterte in ihre Ohren: »Sagt Herodes nicht, wo ihr Jesus gefunden habt. Herodes ist böse und will ihn umbringen.« Da machten sie einen großen Bogen um Jerusalem – und zogen auf einem anderen Weg zurück nach Babylon.

Quellenverzeichnis

Simone Nettingsmeier: Die Geschichte des Adventskranzes, zuerst erschienen im *Pixi-Bibel-Adventskalender*, Carlsen Verlag GmbH 2017.

Uwe Prieser: Die Geschichte von der Entstehung des Adventskalenders, zuerst erschienen im *Pixi-Bibel-Adventskalender*, Carlsen Verlag GmbH 2017.

Uwe Prieser: Stille Nacht, zuerst erschienen im *Pixi-Bibel-Adventskalender*, Carlsen Verlag GmbH 2017.

Johannes Schröer: Die Heiligen drei Könige, zuerst erschienen im *Pixi-Bibel-Adventskalender*, Carlsen Verlag GmbH 2017.

Imke Sörensen: Loschas Weihnachtsgeschichte, zuerst erschienen im *Pixi-Bibel-Adventskalender*, Carlsen Verlag GmbH 2017.

Carlsen-Newsletter: Tolle Lesetipps kostenlos per Mail!
Carlsen-Bücher gibt es überall im Buchhandel
oder auf carlsen.de

© 2022 Carlsen Verlag GmbH, Völckersstr. 14–20, 22765 Hamburg
Texte: Hans Christian Andersen, Luise Büchner, Paula Dehmel, Charles Dickens, Jacob und Wilhelm Grimm, Manfred Kyber, Hermann Löns, Simone Nettingsmeier, Uwe Prieser, Sophie Reinheimer, Johannes Schröer, Imke Sörensen
Umschlag- und Innenillustrationen: Kai Würbs
Titellettering: Olav Korth
Lektorat: Marlen Bialek (Leitung), Imke Sörensen, Larissa Speer
Herstellung: Derya Yildirim, Lena Voigt
ISBN 978-3-551-52130-9